Ⓢ新潮新書

広尾 晃
HIROO Koh

データ・ボール

アナリストは野球をどう変えたのか

1053

新潮社

プロローグ　世界の頂点をともに見たアナリストたち

弾道測定器「トラックマン」の野球部門責任者、星川太輔がNPB（日本野球機構）のデータ分析担当者から連絡を受けたのは2023年1月下旬のことだった。

星川は、2009年の第2回WBC（ワールド・ベースボール・クラシック）では、スポーツデータ分析会社「データスタジアム」のスタッフとして日本チームに参加。対戦チームの投手の配球や打者の特徴、傾向などについて詳細な分析データを作成し、選手に提供した。

日本はこの大会で2大会連続の世界一となったが、14年後の今回、星川は、デンマークの企業が開発した弾道測定分析機器「トラックマン」の野球部門責任者として、侍ジャパンチームへの「トラックマン」導入をNPB側に提案していた。

2023年のWBCではWBC使用球とNPB公認球のギャップが焦点になっていた。NPBではミズノのボールが統一球として使用されているが、MLB（メジャーリーググ・ベースボール）側が主催するWBCでは、ローリングス社製のボールが使用される。同じ規格で作られたボールで、牛皮革を使用するのも同じだが、製造工程の違いで表面の感触が異なっている。またWBC使用球の方が少し大きく、重い。こうした使用感の違いが、投手にどのような変化を与えるかは予測がつき難く、NPB側も大いに懸念していたのだ。日米の使用球の差異が、投球に微妙な影響を与えるとすれば、事前にそれを把握して各投手に伝え、対応策を立てさせなければならない。そのためには「トラックマン」のような機器で、投球の回転数や回転軸、軌道などを計測する必要がある。

星川はNPB側と協議を重ねた。そして選手のためにできる限りのことをしたいとの思いが一致して「トラックマン」を導入することになったのだ。ただその時点では、選手がこの機器をどれだけ活用してくれるか半信半疑ではあった。

実は「トラックマン」はすでにNPBのほとんどの球団で使用している。星川太輔は、ユーザーである全球団のフロントスタッフやアナリストと常日頃から連絡を取り合っている。当然、各球団には機器を操作し分析するアナリストもいる。しかしながら、各球団のアナリストは選手の機密情報を扱っている。彼らが、一時的とはいえWBCで他球団の投手の投球を計測し、データを把握するのは、機密保持という観点で、好ましいとは言えない。そこで外部のアナリストを、ということになったのだがＮＰＢ球団以外の「トラックマン」の専門家と言えば、星川にとどめを刺す。こういう形で、星川の14年ぶりのＷＢＣ参加が決まったのだ。

2023年、宮崎キャンプから始まったWBC

星川たちは、まず各球団の投手のＮＰＢ仕様球での「トラックマン」のデータとＷＢＣ仕様球でのデータとの比較をすることにした。

投手たちも興味を示した。自分の今の球が、普段とどれくらい違う変化をするのかを知りたかったのだ。「トラックマン」がＮＰＢ各球団に導入されて10年近くが経つ。侍ジャパンに参加した投手は、自分たちのデータを読んで一通りは判断できるレベルに達していたのだ。これは２００９年の第２回大会とは大きな違いだった。

ＷＢＣのボールを実際に投げると、どういう変化量になるのかは、日本の投手陣が集結する宮崎キャンプのブルペンで計測することになる。「トラックマン」は１台しかないので、４人が投げられるブルペンの一つに設置した。一度に全員を計測することはできなかったが、できるだけ多くの投手のデータを取ろうとした。

キャンプ2日目、最初にブルペンに上がったのが、サンディエゴ・パドレスのエースとなっていたダルビッシュ有だった。星川が、「『トラックマン』持ってきているんですが、データ取りますか?」と聞くと、ダルビッシュは使いたいと答えた。「トラックマン」を設置したレーンでダルビッシュが投げる。日本の場合、投げ終わってからデータをチェックする投手が多い。星川はその習慣を知っていたから、タブレットを自分の手に持ってトラブル時に対応しようと思っていた。

しかしダルビッシュは1球1球画面をチェックしたがった。そこでマウンドの横に椅子を置いて、そこにタブレットを置くことにした。

ブルペンには、多くの投手が詰めかけていた。彼らは捕手の後ろ側に陣取って、ダルビッシュの一挙手一投足を食い入るように見つめていた。

「トラックマン」や「ラプソード」などの計測機器はNPBのすべての球団で導入しているから、投手はこれまでも、日常的に自身の投球の回転数や回転軸、変化量などのデータを目にしていた。しかし多くの投手は投げ終わってから数字を見るだけで、ダルビッシュのように1球1球チェックする投手は、ほとんどいなかった。

選手たちはダルビッシュの姿勢を見て、データへの認識を改めようとし始めていた。

投手陣のデータへの意識が一変

翌日、千葉ロッテの佐々木朗希がブルペンに入った。佐々木も「トラックマン」を設置しているレーンに向かい1球1球、確認することを希望した。恐らくはダルビッシュが前日そうしていたのを見ていたからだろう。そして、以後、侍ジャパンのほぼすべての投手が1球1球データを見るようになるのだ。

佐々木は投げ終わると、ダルビッシュにトラッキングデータを見せて、アドバイスを貰った。このシーンはWBC侍ジャパンのドキュメント映画『憧れを超えた侍たち　世界一への記録』にも出てくる。映画にあるように、佐々木はこのときに、スライダーの投げ方についてもダルビッシュから教わったのだ。

1球ごとに「トラックマン」のデータをチェックする習慣は、NPB球団に戻ってからも各投手は続けるのではないか。WBCのキャンプから投手の意識変革が起こる可能性もあるだろう。そしてそれ以上に、投手が他の投手の投球データに注目するようになったことが大きい。

あるストッパーは他球団のストッパーの投球を、自分の目とトラッキングデータで1

球1球確認しながら見ていた。そういう形で投手たちが「他の投手」にも関心を持つようになったのだ。

この宮崎キャンプには前年まで育成選手だったオリックスの宇田川優希が参加していた。宇田川は大スターぞろいの中で気後れしていたが、ダルビッシュ有がアテンドしてチームに溶け込むようになった。

実は宇田川はキャンプイン当初は調子がよくなく、それは「トラックマン」のデータにも表れていた。しかしフォークだけは「とんでもなかった」。見ている投手の誰もがすごいと言った。宇田川はそのフォークで信用を得て、チーム内に受け入れられた、という側面もあったのかもしれない。データによって新鋭投手が評価され、仲間に受け入れられた、と言ってもよいだろう。

ダルビッシュ有の加入で、侍ジャパンは投手を中心に結束が強まり、チームコンディションも上向きになった。そして名古屋へ——。ここから当時エンゼルスの大谷翔平が合流したのだ。

大谷翔平とダルビッシュが「見ていたもの」

名古屋、バンテリンドームの初日、ブルペンに星川が待機していると、侍ジャパンと中日との試合の5回が終わったくらいに大谷翔平が入ってきた。星川は大谷に「普段からポータブルの『トラックマン』を使っていると思うけど、どの項目を見ているんですか?」と聞いた。実は星川は宮崎でも同じ質問をダルビッシュ有にしていた。驚くべきことに二人は「どの項目というよりも全般的に見て、自分の感覚と（『トラックマン』のデータが）合っているかどうかを確認している」と全く同じことを言った。

「あの二人が全く同じことを言っている。そこにはなにか深い意味があるんじゃないか?」

星川はホテルに帰ってじっくり考えてみて、二つのことに思い当たった。

一つは両投手ともに「仮説」を持っていること。データを計測した投手の多くは「僕の球どうでしたか?」「もっとよくするには、どうすればいいですか?」と聞くが、ダルビッシュと大谷は違った。先に仮説があるのだ。

「仮説」とはもともと〝投げたい球〟のことだ。自分にとって投げないといけない球、〝必要な球〟がわかっていて、実際に投げた球が、自分が思っている通りの球になっているかどうかをデータで確認している。だから1球1球、確認する必要が出てくる。

おそらく彼らであっても当然コンディションが日々違っていて、そんな中でも〝投げるべき球〟がある。それをデータで確認し、その差異をチェックしているのではないか？

そしてもう一つは、二人の投手は〝自分の感覚だけを信用しているわけではない〟ということだ。つまりファクトに基づいて自分のパフォーマンスを確認することを習慣にしている。だからこそ二人とも、1球1球タブレットを見て確認していたのだ。

ファクトに基づいて確認する習慣は、文化の違いも含めてＭＬＢ的なのではないか。これこそが、まだまだ「感覚だけで投げる」ことが多い日本の投手とＭＬＢの投手の決定的な差異かもしれない。

この二つは当たり前のことかもしれないが、「仮説」を立てることができなかったり、できても確認が十分にできない、ファクトチェックがしっかりできていない選手は多いのではないか。

データに操られてはならない

しかし星川はこうも思う。仮説を立てて確認はしながらも、データに操られてはならない。データはあくまでやりたいことができているかどうかの確認で、その検証にデータを使う。そこに全ての正解があるわけではない。ここもポイントだ。

たとえば〝スライダーの変化量が普通だから、もっとキレをよくしよう〟と思うのはいいことだが、大事なのはその前提として、何で自分のスライダーが打たれるのか、ということをもっと深掘りしなければならない。左投手で左打者をスライダーで打ち取れないというケース。そういう課題を持った投手の多くは、その前にまっすぐでファウルが取れていない。スライダーの変化量云々の前に、そういうことも含めて考えなければいけない。

ことトラッキングに関して言えば、データは感覚をより研ぎ澄ませるためのものだ。自分の感覚とデータが絡み合って投手のパフォーマンスは上がってくるのだ。ダルビッシュや大谷翔平は、練習だけでなく試合前の投球練習でもデータを見ていた。感覚と違う数字が出たら、どこが違うんだろうと考えて感覚を塗り替える。普段から数字を見ているから、いつもの投球とこれだけ変化量が違ったら、どうメカニクスを修正すればいいかも判断できる。もしくは今日のコンディションからくる球質の差異に応じて、配球の組み立てを変えるという選択肢もある。彼らはそれができるレベルにあるのだ。

ダルビッシュはＷＢＣの間、コンディションがいいとは言えなかった。だからこそ、そういう修正に取り組んでいたのだ。

打撃でもデータを活用する大谷翔平

星川はバンテリンドームのブルペンで大谷翔平から、明日の打撃練習でも「トラックマン」のデータ記録をするよう依頼された。

ＮＰＢでは打者で〝「トラックマン」のデータを録ってください〟と言う人はそんなにいない。ＷＢＣの選手では初めてだった。それに「ブラスト」というバットのグリップに装着してスイングの軌道のデータを録る機器も着けていた。星川は〝お、着けてる〟とびっくりした。「トラックマン」のような弾道測定器も「ブラスト」も、ほぼ全球団が持っているが、一軍でバリバリ活躍していても、日常的にデータを計測している打者はあまりいなかったのだ。しかし、大谷翔平という世界ナンバーワンの選手がやっている。これをヤクルトの村上宗隆やこの年からレッドソックスの吉田正尚などがどう感じたのか。「トラックマン」はともかく、「ブラスト」はバットのグリップに着ける小さな機器だから、興味がなければ目にも留まらないだろうが。

バンテリンドームの打撃練習で大谷は、度肝を抜くような飛距離の当たりを連発して大きな話題になった。各メディアがバッティングケージでスイングする大谷の写真をアップしたが、ケージ裏の正面にはデータを計測する星川の姿もあった。

星川は飛距離もさることながら、大谷が打撃でもデータによるファクトチェックをしたことに驚いた。大谷の打撃練習中、星川は、隣にいた大谷の通訳（当時）の水原一平に打球速度を1球1球伝えた。一つのセッションが終わったら、大谷と水原は〝何球目、何キロだった？〟などとチェックをしていた。バンテリンドームでの打撃練習は、日本の選手やスタッフには衝撃的なインパクトだったが、大谷は数字を聞いても〝ふーん〟みたいな表情を浮かべた。彼には何でもないことだったのだ。

星川が一番感じたのは大谷が〝バットを振り切っていた〟ということだ。

大谷の前に中日ドラゴンズの選手と侍ジャパンの他の選手が打撃練習をした。テストも兼ねて中日の選手も、侍ジャパンの他の選手も全部データを取った。大谷はカージナルスのラーズ・ヌートバーとともに最後にケージに入ったが、すべての選手の中で、大谷は誰よりもバットを思い切り振り切っていた。

これは、やはり普段からの積み重ねなのだろう。振り切るような打撃練習をやらないと強くならない。バッターの基本ではあるが……。このスイングこそが打者大谷翔平の原点であり、大谷のプレーに注目している中学生や高校生に見習ってほしいことでもある。

大谷の打撃を目の当たりにした日本の強打者たちは、あまりの凄さに自信を喪失した。中日の選手たちも〝すげー〟と声をあげていたが、一緒に戦うチームメイトは、ちょっと声をかけられない感じになった。ケージのま後ろで見ていた村上宗隆は凄いショックを受けていたようだった。また、ヤクルトの山田哲人の表情にも笑顔は見られなかった。村上は、大谷の打撃練習の最中に星川に打球速度について聞いてきた。村上自身も、宮崎キャンプで計測した自分の数値を知っている。星川が答えた大谷の数字は、それを大きく上回っていた。村上はさらにショックを受けたようだった。

しかし、そのとき星川は、同時に、村上が本気でメジャーでトップの選手になることを目指しているのだろうとも思った。確かにショックを受けてはいたが、打撃ケージの裏やベンチ裏で話したときの村上のあの表情は〝決意を新たにした〟顔だと思えた。

星川はしみじみと語る。

「大谷選手のあの打撃練習を目の前で見て、大変おこがましいですが僕も大きなショックを受けました。28歳であんなにすごいことをする人がいる。47歳の僕は一体今まで何をしていたんだ、本当に全力で努力してきたのかと。『俺は今まで何やってきたんだろう』と自分の不甲斐なさにホテルに帰る道すがら涙が出てきました。本当にいい経験をさせていただきました」

筆者も京セラドーム大阪で、これまで見たこともないような大飛球を外野席上段に叩き込む大谷の打撃練習を見た。大谷が一振りするたびに、球場中から潮騒のような声がドーム中に広がった。観客が発する「ため息」が潮騒のように聞こえたのだった。彼のパフォーマンスは野球選手以外にも多くの人々に、強烈なインパクトを与えていた。

これまでNPBでは一軍選手でも、「トラックマン」や「ブラスト」を活用する選手はほとんどいなかった。「ブラスト」は定価2・2万円ほど。高校の野球部でも購入できる手頃なものだ。二軍の選手はコーチなどの指示で装着することはあるが、一軍で自分からやっている選手は少ない。ましてや「トラックマン」で打球速度を計測する選手はさらに少なかった。星川はWBC閉幕後「少しずつだが活用する選手が増えてきた」と数球団の関係者から聞いた。星川のもとにも直接、使い方についての相談がいくつかあった。

ＮＰＢ球団ではポータブルの「トラックマン」は1球団2～3台。高価なうえにランニングコストもかかるからだ。ちなみにＭＬＢではポータブルの「トラックマン」を20～30台くらい買っている球団がいくつもある。その背景には諸事情があろうが、日本もアメリカも同じハードを持っていながら、日本では十分に活用できていない。

星川は「日本がアメリカと全く同じようなデータドリブン（データ活用法）であるべきとは思いませんが、その違いについて議論することはとても意義のあることだと思います」と語る。

アナリストも羽ばたく時が来た

監督、コーチの中にはセイバーメトリクスなどのデータ野球や「トラックマン」などの測定機器に興味がある人もいればない人もいるが、第5回ＷＢＣの栗山英樹監督は、非常に関心が強い指揮官だった。

星川は当初、厚澤和幸ブルペン担当コーチと二人でダルビッシュ有の投球データを見ていた。その投球の変化量、回転数などは球種によって大きく異なった。厚澤コーチは、「投手が二人いるようだ」と上手《うま》い表現をした。日本の投手にはいない分布図だったので星川が栗山監督に見せると、とても関心を示して他の投手の分布図もチェックした。もともとデータ野球に造詣の深い指揮官だったが、WBCでもデータ戦略を重要視していたのだ。

第5回WBCは、おそらく日本の野球界を変える転機になるだろう。選ばれた選手は、選ばれなかった、あるいは選出を辞退した選手にはできない体験をした。日本野球でも様々なフェーズで変革の気運が起こるだろうが、とりわけ選手のデータ活用の部分では、意識改革が進むと思われる。

星川は言う。

「ダルビッシュ選手は自分のことだけを考えたら、宮崎キャンプに来る必要が果たしてあったのかと思います。彼は日本代表チーム、若い選手のことを思って来たのではないでしょうか。本当にすごいことです。

そして大谷選手が決勝の前に選手に向かって『メジャーリーガーへの憧れは捨てましょう』と言った。これはすごく大きかった。僕は知らなかったけど、イチロー選手も同じようなことを言っていたようですね。とすれば、次回以降のWBCで同じように選手に伝えるリーダーは誰になるのか、楽しみですね。でも、そんなことを言う必要がなくなるくらい、日本の野球がレベルアップしている状況が理想ですが。

いまアナリストになりたい若者・学生がとても増えてきていますし、データ分析を扱う大学・専門学校も出てきました。僕みたいに野球選手としての実績がなくても、頑張れば日本代表チームのメンバーとして彼らとともに世界一を目指すことができる。スキルを学び夢を持って羽ばたいて欲しいですね」

（文中敬称略）

特記なき写真は筆者撮影

データ・ボール——アナリストは野球をどう変えたのか　目次

第一部　日本野球「最新のリアル」

「プロ野球」のバックヤードは近年、劇的に変化しつつある。「投げる」「打つ」「守る」など、選手のプレーには膨大な数字、データが伴うようになった。

ＷＢＣの侍戦士は、まさに「データの鎧」を着て世界と戦ったのだ。その展開はまだ「まだら」で様々な課題をはらんではいるが、一度動き出したトレンドは、もはや止めることはできない。

第一部では、データ野球が急速に進展しつつあるプロ、アマ、そしてスポーツビジネスの「最新のリアル」を見ていこう。

第1章　埼玉西武ライオンズのイノベーション

2021年3月、埼玉西武ライオンズは、本拠地メットライフドーム（現ベルーナドーム）と、室内練習場、ファーム球場などの大改修が竣工し内覧会を実施した。コロナ禍にもかかわらず、多くの報道陣が詰めかけた。

メディアの目は、豪華なバックネット裏の特別席や、芝生からシート席になった外野席に集まったが、実はライオンズのバックヤードには大きなイノベーションがあった。室内練習場はポータブルの弾道測定器「トラックマン」や「ラプソード」、高速度カメラなど、選手の投打のパフォーマンスをオンタイムで計測できる機器が整備された最先端のトレーニング施設になっていた。そしてデータを解析するアナリストも配備された。ライオンズは、情報化へ向けて、大きく舵を切っていた。

そしてそのイノベーションは、選手の意識変革をもたらした。

1-1　「ラプソード」が手放せない平良海馬

「『ラプソード』から入って、自分の球がどのくらい曲がったり落ちたりするのかを知ることができたのが、本当に面白いなと思いました」

秋季練習から引き揚げて、取材に応じた平良海馬は語った。

実績は十分だ。八重山商工から2017年のドラフト4位で入団。2年目の2019年から救援投手として一軍のマウンドに上がり、2020年以降は3年連続で50試合以上登板、通算で101ホールドポイントを挙げ、2020年に新人王、2022年には最優秀中継ぎ投手賞を受賞。絶対的なセットアッパーになったが、2023年に先発に転向。規定投球回数に達し11勝を記録した。

もともとデータに精通していたわけではない。高校時代はマネージャーのスコアブックを見る程度だった。しかしライオンズに入って、「ラプソード」などで自分の投球をデータで見ることにハマったのだ。

計測を始めたころ、平良の投球はストレートとカットボールのデータに大差がなく

「ごちゃごちゃ」になっていて、平良自身も「どっちを投げているのかわからない」状態だった。平良はアナリストのアドバイスを受けて、ボールの回転軸を、ストレートの回転、カットの回転と投げ分けることで、二つの球種をしっかり区別できるようにした。

「意識したのはボールの握りですね。指先の少しの角度の違い、5度とか6度くらいのリリースの感じを変えるだけって感じでしたね」

4、5年前から、シーズン前の自主トレや、春季キャンプのブルペンで「ラプソード」を使っている。タブレットを横に置いて、投げるたびに確認して、リリースの感触と、実際に投げられた球が一致しているのかを見ながら練習している。

ダルビッシュ有や大谷翔平のようなメジャーリーガーだけでなく、実は日本でも平良のような「意識高い系」の投手も出てきているのだ。

データに依存せず、利用する

「ラプソード」を使い始めたころ、平良はアナリストから「今回の投球では、このくらい曲がったから、それを安定させていきましょう」などのアドバイスを貰っていた。しかし、だんだん使っていくうちに理解が進み「こういう数値が出たときにはこうすべきだ」ということがわかってきた。

最近は、新しい球種を作るときも、こういう回転をかけるためにはどういうリリースをしないといけないかを自分で判断できるようになった。動作解析をして、球速を上げるためには、どういうエネルギーをどのように伝達すればいいのかも自分で分析した。オフシーズンには、自主トレの段階からデータを使い、さらに専門の会社で「モーションキャプチャー」などの数値を計測して、それに基づいて練習している。

当然、データを利用するうえではリスクもある。動作解析をして、それに基づいてフォーム改造をしたのに、それが球速の向上や球質の変化につながらない、みたいなことはないのだろうか？

「フォームを変えるといっても、そんなに大きな変化はないです。そこまで球質に影響は出ないですし、フォームを変えても球質を安定させることができるのが、トップレベルの選手だと思っていますので、そんなに気にはしていません」

あくまで、データを活用するのは自分であって、データに振り回されることはない、ということだ。しかし、自分が投げやすいフォームに固執しているわけではないという。

「アナリストから、マウンドに左足がついたときに、右投げですから上半身をもう少し三塁ベース側に向けましょう、みたいなアドバイスをもらったことがあります。その方がエネルギーがしっかり伝達されていて、速い球が投げられたので。最初は投げづらかったとしても、そうできるように日々練習をしています。最初は違和感や居心地の悪さがあるんですけど、それが結果に結びついているという感じですね」

アナリストと話す平良海馬（左）（埼玉西武ライオンズ提供）

自分の投げたいフォームがあって、それに体や感覚を合わせていくという感じなのだ。

「データを見て、今回の登板ではスライダーの曲がりが小さかったので、次の登板ではしっかり曲がるようにグリップの調整をしようとか、そういうこともありますね」

こういう形で、平良は「自分のコンディション、感覚」と「データ」を常に摺《す》り合わせて調整をしているのだ。

今の進化系の投手は「何となく調子が悪い」「変化球の変化が良くない」みたいな状態をそのまま放置するの

ではなく、常にデータをチェックして自身の状態を見極め、具体的な解決策を見つけて実行しているのだ。

2023年、平良は救援投手から先発投手に転向した。役割は大きく変わったが、データをチェックする点など大きく変わったことはないという。

「ただ球速とか変化球の曲がり具合などは、中継ぎと先発では力感が違います。その部分は多少変化したかなと思います。でも球種的には全く同じでした」

しかし、2022年のシーズンの球数は846球、2023年は2458球。スタミナの配分は変わったはずだ。

「やっぱり3倍投げれば投げる分、疲労が筋肉的にはくるので、筋肉痛だったり、疲労感をどう早く抜くか、みたいなところが変わったところかなと思います」

意外なことに1イニング当たりの球数は、救援だった2022年は14・7球、2023年は16・4球と、救援のときより先発になってからの方が若干多くなっている。

「やっぱり先発投手はマラソンですから、最初から飛ばすわけにいかないので、すぐに勝負に行くのではなく、ペース配分もしますし、そういうところは慎重になっていると思います」

長丁場だからこそ、「勝負を急がない」のだ。

高めのストレートへのこだわり

ＭＬＢでは、フライボール革命（第11章参照）以後、高めの速球を決め球にする投手が増えた。実は平良も２０２０年に「ラプソード」などのデータに出会って、高めの速球の方が空振りが取れるということがわかってから、高めを狙うスタイルにシフトした。高めの速球は、空振りを取れるし、ファウルにもなる。高めに投げ込むのは、打たれそうな怖さがあるが、データ的にはそれほど打たれていない。

「ボールの回転数は高めでも低めでもそんなに変わらないと思うんですが、ただバッターから見てストライクゾーンに入ってくる角度が違いますし、高めの方が伸びて見えます。僕は縦の変化量が平均か平均以下なのですが、そんな中でも空振りが取れているので、高めに投げ込むのは大事だと思います。投げた球がどういう結果になったのか、空振りがどれくらい取れたかなどのデータを見て、ストライクや空振りが取れなかった球種はしっかり改善しています」

２０２４年、各打者は平良の投球データを分析して、新しい攻略法を編み出してくるだろう。新たな「情報戦」が始まる。

「オフシーズンは、球種ごとの変化量とかを調整しながら、よりよくしていきたい。自分の課題に向けて、毎日練習しています。体も鍛えながら、データの勉強もしっかりしていきたいですね」

1-2 データ化を推進した市川徹

トラックマンに「なんだこれ?」

埼玉西武ライオンズのデータ化を推進したのは、株式会社西武ライオンズ球団本部チーム統括部長兼企画室長の市川徹だ。

早稲田大学の1年生まで野球をしていたが退部。アメリカ留学をしてスポーツマネジメントを学び、米独立リーグでインターンシップとして勤務。その後、東北楽天ゴールデンイーグルスで法人営業の仕事に従事。さらにスポーツデータ分析会社データスタジアムに勤務。ここでは米のセイバーメトリクスの最先端企業である STATS 社と折衝。さらに西武ライオンズでCRM（カスタマー・リレーションシップ・マネジメント）の立ち上げを担当。阪神タイガースに移って同じＣＲＭやスマホアプリの開発などを手がけた後に西武ライオンズに復帰。この経歴からもわかるように、市川はデータだけでなく日米の野球を取り巻く社会環境やビジネス全般に精通している。

弾道測定器「トラックマン」は２０１６年に導入した。この機器は日本野球のデータ化に決定的な役割を果たしたが、西武は楽天などに続き、いち早く導入を決めた。

市川徹（埼玉西武ライオンズ提供）

「投手のボールの回転数など今まで見えなかったデータが見えるようになったので、導入した当初は『なんだこれ？』と思いました」

それでも市川は、数字を見るだけでなく、回転数や回転軸が意味するものは何なのか、リリースポイントが変わると投球はどう変わるのか、といった部分を解釈する作業をしないとだめだ、とも思った。

「その時にいたコーチやスタッフでは手に余ることが多かったので、早稲田大学スポーツ科学部の矢内利政教授や現北里大学の永見智行准教授などのアドバイスを得て、データ部門を強化しました」

大学の研究室との連携は今やNPBの戦略、育成には欠かせないものになりつつある。

変化した投手陣

「トラックマン」を導入して投手陣が変化したと実感したのは、2018年のことだった。

「例えば田村伊知郎投手について『トラックマン』で計測すると、持ち球が全てNPBの平均くらいでした。なので、各球種をその平均からズラしていく方がいいんじゃないか、さらに落ちる、曲がるシュート系のボールを覚えた方がいいのではないか、と話して、球種を増やし、投球を磨きました」

同年に阪神から移籍した左腕・榎田大樹の再生にも「トラックマン」が寄与した。

「榎田投手はかなり多くの球種を持っていましたが、さらに何か新しい球種を持ちたいと言っていました。なので『トラックマン』を使って計測してスラーブを覚えたり、今ある球種を磨いていました。あとは武隈祥太投手（2022年引退）や増田達至投手などもデータをもとに、投手コーチと話したりして球種の改善に取り組んでいましたね。

当時の投手コーチだった土肥義弘さんはすごく勉強熱心な方で、うまくデータを活用して投手と会話していました。それに広池浩司球団本部副本部長兼一軍ディレクターも積極的にデータ活用を推進しました。また、菊池雄星投手（現ブルージェイズ）は、それとは別に外部の専門家のアドバイスを受けていました」

これから指導者も淘汰されていく

2016年の「トラックマン」導入以降、ライオンズの育成体制は大きく変わった。特にファーム部門のコーチは、従来の指導法だけでなく、データ分析やバイオメカニクスなどについて勉強する意欲があるか、これらの専門家の意見に耳を傾けることができるかどうか、が問われるようになった。選手も、前項の平良海馬のように自分の数値を把握してからブルペンに入るようになってきている。選手にアドバイスするコーチもデータやバイオメカニクス（生体力学、生物力学）について話ができないといけない。

「これから指導者も淘汰されていくのかな、と思います。自分の経験だけに基づいて投手に指導したり、根拠もなくハードワークを強いるような昔ながらの指導は、なくなってきているという感じですね」

榎田大樹は、前述のとおり「トラックマン」で投球を解析し、新たに投球を組み立ててキャリアハイの11勝を挙げたが、以後は故障続きとなり2021年限りで引退。その後、バイオメカニクス担当のアナリストに転身して「トラックマン」や各種の計測機器を操る側となった。2024年からはファームの投手コーチに就任する。

「彼は将来的にはコーチになる人材だとは思っていました。でも、いきなり投手コーチになるのではなく、一度バイオメカニクス担当としていろいろ知識を高めてもらってからコーチになってもらう方がいいんじゃないかと思いました。以前からの知識レベルももちろん高い人ですし、球団としてどういう選手をどのように育成するのか、この投手はフィジカル的にどんな問題があるのかを、いろいろとコミュニケーションすることもできます。そういう人にコーチになってもらうことで、データの専門家と現場とのギャップはだんだん解消されていくのではないでしょうか？」

榎田は、2023年12月に滋賀県で開催された野球研究者の大会である「日本野球学会第1回大会」にも姿を見せ、様々な研究発表を熱心に見入っていた。その姿は元プロ野球選手というより、アナリストそのものだった。

いろいろな分野の研究が進む中で、バイオメカニクス、栄養学、人財開発、トレーニング、コンディショニング、メンタルトレーニングなど、様々な分野のスペシャリストがプロ野球チームに関わるようになってきた。

「今のコーチにはもちろん自分の経験は大事にしてもらいたいですが、そのコーチの周囲にそれぞれの専門分野のスタッフがいて、連携を図っていくことが求められるのではないか、と思いますね。そうした専門家の意見をコーディネートしながら自分の判断の確度を高めていく、そういう意味では今のコーチはコーディネーターと言ってもいいと思いますね」

第2章　アナリストという仕事

プロ野球の世界に「アナリスト」という職業ができたのは、ごく最近のことだ。10年前には12球団で数人程度だったが、今や60人を超えているという。それだけでなく、仕事の領域もどんどん広がっている。「アナリストの仕事内容」そのものが変動しているのだ。

かつて、プロ野球のアナリストの主たる仕事は「データの収集と分析」だった。公式記録ではわからない細かな打者、投手の傾向を、映像などを使ってリサーチし分析していた。２００９年の「第2回ＷＢＣ」で活躍した星川太輔をはじめとするデータスタジアムのアナリストの業務がこれだ。これは言わば１９５０年代から「先乗りスコアラー」が担ってきた業務をデジタル化したものと言えよう。

しかし「トラックマン」「ラプソード」などの弾道測定器の導入や、これらの機器を組み合わせたシステムの構築が進むと、アナリストは「機器の操作」「データの収集、分析」を担うとともに、それらのデータをもとに、選手にアドバイスするのが主たる業務となった。アナリストには機器、データに精通しているだけでなく、選手に理解できるように説明する「言葉の力」が重視されるようになった。

さらに選手の投打の動きが「モーションキャプチャー」など様々な機器を使って細かく解析されるようになると、これら身体のデータと「トラックマン」をはじめとする弾道測定器などのデータを結び付けて、従来とは比較にならない細かな分析が可能になり、これをもとに選手のパフォーマンスを高めたり、独自のトレーニング法を開発するという新たな業務が登場した。これを担うのは「バイオメカニクス」という分野だが、プロ野球界ではこれも広義の「アナリスト」の業務になった。従来のコーチやトレーナーの仕事の領域と重なっていると言えよう。

さらに、最新の動きで言えば、従来は「投手のパフォーマンス」が主たる領域だったアナリストの仕事が「打撃」分野にも広がっている。「ブラスト」など打者専門の機器の普及、そして「フライボール革命」の進展に伴って、「打者のパフォーマンス」も数値化され、極めて具体的な指標とともに選手に提示されるようになった。

プロ野球における「アナリスト」の定義は近年、大きく変貌しつつある。

2-1 「アナリストのパイオニア」川村卓

筑波大学体育系准教授の川村卓は、バイオメカニクスの専門家であるとともにスポーツの体系的な指導方法（コーチング）の専門家でもある。大学院の門下生には、吉井理人（現千葉ロッテマリーンズ監督）、大島公一（現法政大学野球部監督）、仁志敏久（前横浜DeNAベイスターズ二軍監督）など錚々たる野球人が名を連ねるが、同時に、川村研究室からは、20人近いNPB球団のアナリストが輩出している。

プロ野球のアナリストという職業の確立に際しては、川村自身がNPB球団に深くコミットしてきた。まさに「アナリストのパイオニア」と言える存在だ。

野球バイオメカニクスの草分け

川村卓は、札幌市立北海道札幌開成高校（現札幌開成中等教育学校）3年時の1988年、夏の甲子園に主将として出場した。筑波大学に進み野球部でプレー、在学中は野球に集中したが、ゼミで運動生理学について学んで興味を抱き、トレーニングなど科学的な視点で野球をとらえるべきだと考え、大学院に進んだ。

「当時のバイオメカニクスは、ほとんど陸上競技の人ばかりで、野球を手掛けていたのは宮西智久先生（現仙台大学教授）くらいでした。あとは平野裕一先生（東京大学野球部元監督、法政大学教授）の論文があるくらい。アメリカでもバイオメカニクスをやっている人は少なかったですね。ただ、今、当たり前のようにやっていることは、理論的には80年代後半には明らかになっていて、現場に降りてくるには、かなりタイムラグがあったという印象でした」

当時の指導法の中には、バイオメカニクスで明らかになってきたことと食い違うこともあった。

「例えば投球した後は、腕は内側に入るんです。『回内《かいない》』といって自然な動きですが、当時の指導では『まっすぐ振り下ろせ』と言っていた。そういう現場の指導と実際の動きが違うことが結構あった。だったら、それを現場に正しく伝えていかなければならないと思うようになりました。

バイオメカニクスの歴史は、計測機器の歴史でもありました。今、ＮＰＢの現場では

センサーを装着しての計測（筑波大学提供）

アナリストたちが投手の体の動きを計測してデータ化しますが、僕が始めた時代は機器の解像度が低くてデータが録れなかった。90年代から2000年にかけて体の各部に取り付けたマーカーを自動計測するというゲームから来た技術も導入されたのですが、精度が低くてデータを拾えなくて、使いものになりませんでした。

それが技術の進歩でどんどん解消し、細かいデータが録れるようになって、これまではジムだとか実験場でしかできなかったデータ計測が、今や、実際の試合でもできるようになった。もちろん、まだ精度の問題はありますが、選手のパフォーマンスをそのままデータ化できるようになったんですね。

今は、明らかになってきたことをどう利用するかに、みんな頭を悩ませているという状態です。難しいのは自分が理解したとしても、それをどのようにしてコーチや選手に伝えるのか、そもそも研究者の言うことを選手や現場の人が聞いてくれるのか、ということですね。

最近は、アナリストを目指す院生には、うちの野球部（筑波大学硬式野球部。川村が監督を務める）に来てもらって研修がてらアナリストをしてもらっています。その時の肌感覚をしっかり持って、現場に出てもらいたいと思っています」

バイオメカニクスがアナリストの領域に

データ計測には、さまざまなセンサーを選手に装着してパフォーマンスさせる必要があるが、選手自身が不快感を抱いたり、用心して全力を出さなければ良いデータはとれない。現場で選手に過分な負荷をかけることなく、本当に役に立つ「計測技術」を開発することも重要な課題だ。川村は、実際の現場で役立つ計測技術を編み出すべく、大学、社会人、プロなどありとあらゆる野球の現場に出向いた。

「中日やオリックス、巨人などに行きましたが、最初は迷惑そうな顔をされました。そんな中からコーチなどにも役立つ情報を提供したりして、信頼を得るようになりました」

プロ野球サイドも、川村たちとの接点から「アナリスト」というスペシャリストの存在に気が付いていったのだ。

もともと投球技術やトレーニング法の開発などは、投手コーチやトレーナーの領域だった。それがバイオメカニクスを含むアナリストの仕事とオーバーラップしてきたのは、なぜなのか？

「最初に統計学の分野であるセイバーメトリクスやデータ分析などのスペシャリストがアナリストとしてプロの現場に入っていった。そのあとにバイオメカニクスの分野が進出した。バイオメカニクスでは、投球時に肘にどれくらいの負担がかかっているのか、とか、パフォーマンスアップの時にこのくらいの数字が出なければいけないとかを、具体的なデータで示すことができます。それが評価された。僕はコーチング論という分野の研究もしていますが、バイオメカニクスはコーチングにも役に立つ技術として進出していったという感じですね。

アナリストを目指す学生に常々言っていることですが、セイバーメトリクスにせよ、バイオメカニクスにせよ、数字が上がったから良くなった、下がったから悪くなった、ではない。なぜ上がったのか、下がったのかを他の動作としっかり比較したり、選手個々の体力面や心理面なども照らし合わせて、どう扱うかを検討しなければなりません」

選手のレベルの問題もある

アナリストの領域で、バイオメカニクスが大きな分野を占めるようになったのは、データを見た選手やコーチが、最終的には「その数字をどうパフォーマンスに繋げるか」という「出口論」を求めていたからではないか？

「それはそうなのですが、気を付けないといけないのは、レベルの問題ですね。WBCに参加するような選手は数字を見ただけで、すぐに反応できる。例えばこの感覚だとこれくらいの球速になる、回転数もこのくらいだと、すぐにわかる。数字に対する反応がちゃんとできるわけです。トップクラスの選手はデータを見せるだけで、勝手に解釈して、動作まで繋げてくれるんで、ものすごく楽なんです。

でもそこまで行かないレベルの選手は、データを見ても解釈がぐちゃぐちゃになってしまう。自分の感覚はいいんだけど出てくる数字は良くないとか、違和感を訴える。僕からすると、実はそれこそが考えるきっかけなんですが、そのとっかかりが難しい。興味ある選手はどんどんやってくれる。特にプロ野球選手は、その世代では抜けた存在なわけですから、自分が何も考えずにパフォーマンスしていたら、データがそれを裏づけているという関係になっているわけです。でも、そこまで行かない選手はそれが難しい」

不安定なアナリストという仕事

川村らの努力もあって、アナリストはここ数年、急速に球団に受け入れられるようになった。しかし彼らの仕事のドメイン（領域）やステイタス（立ち位置）はいまだ不安定なように思われる。

コロナ禍の2021年に日本野球科学研究会（現日本野球学会）が主催して、各球団のアナリストがリモートでシンポジウムを行った。筆者も参加したが、アナリストからはやりがいを語る声とともに「パソコンの修理係のようになっている」という声も聞こえた。

「理解されない部分はまだ多いですね。僕はアナリストにも責任があると思います。データの内容を伝えるときは選手やコーチの立場を考えながらやってほしい。言い換えると、その選手やコーチが使っている言葉に置き換えて伝えていくことが大事だと思います。

例えばバイオメカニクスでは、投手のインステップ（軸足に対するステップ足の踵の位置が内側にある状態のこと）は無駄以外の何物でもないとされている。力を使う方向が全然違うわけですから。でも、実際にはインステップするフォームで投げて成績を上げている投手もいるわけです。そのことを理解せずに『インステップしているから、まっすぐにした方がいいですよ』と言ってもその投手は納得しない。

エネルギー効率を考えれば、まっすぐ踏み出した方がいい。だけど、今この投手は、インステップして角度を作っていくことによって、打者に打ちにくい球を投げることができて、それで生活をしているわけだから。『次にどうするか』は選手、コーチ、アナリスト、トレーナーで話をして考えなければいけない。プロ野球の指導体制はそういう風になるべきだ、という話をいろんな球団にしてきたんですね」

野球界ではいまだに「野球経験者かそうでないか」がモノを言う部分もある。

「確かにそこは今のところ大きい。でもアナリストの言っている言葉を理解したコーチが増えていけば、それは解消していくと思います。

コーチには感覚とか、自分のメソッドばかり伝えるというタイプの人もいるので、アナリストがそういう人を説得するには、『客観的データはこうなっています、これはこういう意味なんです』とか、『この部分は、こういうふうな意味で捉えられるかもしれません、どう思いますか?』という形でアプローチしないと難しいでしょう」

データに関しては、球団間の「温度差」もある。

「球団によっては、本当の意味でデータをすべて活用しているとは言い切れない、そのポジションにいる人が、何人理解しているのか? というような問題もあります。また相変わらず『走れ、走れ』という球団もあります。僕は『走るな』とは言いません。走ることは非常に大事です。身体のいろんな部分の動作の確認にもなりますし、一番手軽なトレーニングにもなる。でも、それだけじゃないですよね。

本当は、トレーニングというのは非常にパーソナルなもので、データに基づいて一人一人練習メニューを変えていくべきなのですが、現実には『お前はこうだからこっち』という風に振り分けていかざるを得ない。みんなが一斉にやる中で自分を磨いていくことになる。でも、本当は個人が定めている目標があって、それに向かってどう練習していくのかを考えていくべきなんですね。僕はNPBの二軍、三軍の選手を見ることが多いのですが、彼らは中々データを活用できない。これをどうやって引き出していくのかということですね」

「アナリスト」という仕事の未来

バイオメカニクス系のアナリストの進出が目立つのは、セイバー系のアナリストの行き詰まりもあるという。

川村卓・筑波大学准教授

「ある球団で、セイバー系のアナリストが強い主張をして現場から顰蹙を買うようなこともあったと聞きました。現場から遊離した立ち位置では、仕事として成立させるのは難しい。これが正しいデータです、と提示しても活用されなければ、評価が上がらない。

一方で、球団の中には『お前、数字のことなら何でもわかるんだろう』みたいな感じで聞いてくる人もいる。確かにパソコンの修理係やカメラの撮影係のようになってしまうこともある。セイバー系でも、バイオメカニクス系のアナリストでも、数字を出すだけでは評価されない。いかに選手、コーチに信頼されて、一緒に考えていけるかでしょう」

今、12球団合わせて60人以上のアナリストがいるという。川村研究室からも多くのアナリストが輩出している。しかし、NPB球団に限定すれば、それほど多くの「椅子」は残されていない。

「うちの研究室から巣立ったアナリストが今、NPB球団に16人いて、2024年はさらに二人入ります。でもNPBのアナリストのポストには限りがある。大学の研究室に残るか、野球以外のスポーツも考えないと。社会人野球は今のところ専任のアナリストを雇うところは少ないですが、2024年はうちの研究室からトヨタ自動車と三菱重工East、West（兼務）に、二人のアナリストが入社しました。これからはアナリストも競争の時代に入ったのかもしれません」

川村の言うように、これからのアナリストには、専門知識に加えて、スポーツ全体に対する広い知見や、他部署を巻き込んで考えをまとめるようなコミュニケーション能力が求められている。アナリストにも「進化」が必要な時代になりつつあるのだ。

2-2　バイオメカニクスの先端を走る神事努

北京五輪、ソフトの金メダル獲得を支援

株式会社ネクストベース上席研究員で、國學院大學准教授の神事努は、今や日本だけでなく海外でも注目される野球バイオメカニクスの第一人者である。

神事は小学校から中京大学まで野球をしたが、肩の故障と腰椎ヘルニアを発症して大学1年で選手を断念した。

「高校は公立でしたが、高校時代から自分で工夫しながら映像を撮ったりする選手でした。でも大学では、指導者が言ったことをするだけの指導になった。その指導もいい加減で、ヤバいなと思っていたんです。体育学部では、バイオメカニクスに触れて面白かったので、大学院に行ってもっと勉強しようと思いました」

中京大学大学院はスポーツ科学の研究体制が充実していた。

「桜井伸二先生（中京大学スポーツ教育学科教授、現日本バイオメカニクス学会会長）という世界的に有名な先生がおられて、最先端の勉強をさせていただきました。大学院の先輩には

室伏広治さん（アテネ五輪金メダリスト、現スポーツ庁長官）などもいて、そんな中で僕は『ボールの回転』に関する研究をしていました。もともとは高校野球の指導者になりたいと思っていたのですが、どっぷり野球の研究に浸かって、面白くなったんです。投球に関してボールの回転数以外の要因がこれだけ影響しているのだということがわかって、こういう研究をもっと深めて、社会に広めていこうと思ったんです」

博士課程を修了後、助手を3年務めたのちに2007年から国立スポーツ科学センター（JISS）のスポーツ科学研究部研究員になる。

「JISSではアスリートの支援と研究を担当しましたが、トップアスリートに働きかけてサイエンスを使って上達させていくという過程が本当に面白かった。2008年の北京オリンピックでは、金メダルを取った斎藤春香監督率いるソフトボールチームを担当して、投手をサポートしたり、アメリカのモニカ・アボットやキャット・オスターマンなどエース級の投手の攻略を考えたりしていました」

トラックマンとの出会いでプロ野球に

JISSの任期満了後の2012年、国際武道大学体育学部助教に就任。引き続きバイオメカニクスの研究をするが、この時期、日本に弾道測定器「トラックマン」が初めてもたらされた。

「楽天グループの三木谷浩史オーナーがアメリカにそういう機器がある、日本に持ってきたいということで『トラックマン』の導入が決まった。

神事努（株式会社ネクストベース提供）

２０１４年７月に楽天球団のチーム戦略室の方と話をして『うちにはそういう人材がいないので、ぜひこの機器で分析してくれないか』となった。『ただ大学はやめないでいいですよ』ということで、兼務で『トラックマン』の担当になりました。そのときはまだ仕組みも何もなかったので、生のデータを加工してフィードバック用の帳票を作って、データベースを作って、みたいなことを担当しました。ちょうど田中将大投手がヤンキースに移籍した翌年で、則本昂大や松井裕樹、美馬学などの投手に情報をフィードバックしていました。

僕には『選手の支援』という考えがベースにあったので、データを録って終わりではなくどうやって次のパフォーマンスにつなげるかということを常に考えていました」

楽天球団社長（当時）の立花陽三は、神事を全面的に支援した。

「立花社長からは、正しいと思うことであれば、監督やコーチとかを越えて直接選手に伝えろ。スピード感が出るからと言われました。もちろん、レポートラインはあるけど、今いる人に一つ一つ話しても時間ばかりかかって仕方がない。ビジネス的な観点で言えば、監督やコーチは結局いなくなるけれども選手はずっといるし、直接選手にデータを残してくれと。

その頃、大学でも教えていたので毎週二、三日東北に泊まって、セッションやフィードバック、そして講習会みたいなことを繰り返し繰り返しやっていました。それで一気にチーム内に広まりましたね。

当時、シカゴ・カブスがR&D（リサーチアンドデベロップメント）という部門を作りました。これからのプロ野球は、勝つために研究開発が必要で、我々も新しい知見をチームの現場に落とすべきだと考えていました」

球団アナリストから事業立ち上げへ

2015年以降、「トラックマン」はNPB球団に急速に普及する。

「ものすごい勢いで球団や選手に浸透しました。僕は楽天で2016年まで仕事をしたんですが、多くの球団からオファーがありました。でも僕にはやはり『指導者』のマインドがあって、もっと多くの選手に広げていかなければいけないと思っていた。

そのころに、ネクストベース社長の中尾信一と出会って、スポーツ科学をもっと広く普及させなければいけないというところで意気投合した。そして2016年のオフに他球団からの誘いを断って、楽天もやめて、ネクストベースで事業を立ち上げる準備に入ったんです」

ネクストベースに入社後は巨人、阪神、中日と契約し、球団内のアナリストとともにシステムの構築や活用法をサポートした。また、教員としては国際武道大学から國學院大學に移り、准教授として教壇に立っている。

「現場で働きながら、かつ人を育成する。これが僕の基本的なスタンスです。機材とか機器は研究を進めるうえでもちろん大事ですが、それより大事なのは研究、分析してそれを選手に伝えて支援するというマインドですね」

アスリートラボにやってくる選手

２０２２年8月、民間企業としては日本初のアスリートの成長を支援するスポーツ科学R&Dセンター「NEXT BASE ATHLETES LAB（ネクストベース・アスリートラボ）」を千葉県市川市に開設した。それ以降、球団だけではなく、個別に契約をして施設を利用する選手もやってくるようになった。

「球団にもアナリストやバイオメカニクスの専門家はいるのですが、彼らは一人で多くの選手をサポートしています。でも、ネクストベースにはバイオメカニクスに精通したアナリストがいて、ストレングスコーチがいて、理学療法士がいる。そういうスタッフが選手一人に対して個別にサポートできる。選手個々の問題に向き合って解決し、選手が求める方向に進化を促しています。

もちろん、ここでの分析やトレーニングは有償です。ここに来る選手は個人でお金を払ってきています。だから、最初から何かを習得する気で来ているんですね。中には若い選手を何人か引き連れてくる選手もいますが、それは自分だけじゃなくチーム全体のパフォーマンスが上がれば、チームが勝つことにつながるだろうし、ひいては自分の報酬を上げることにつながる。そういうモチベーションですね」

データを活用して選手が進化するうえで大事なことは何だろうか？

「まず自分を客観視するのが大事なことです。僕は、選手に計測データをフィードバックするときに、筋肉の名前とか、関節の動きに関する専門用語とか、あえてちょっと難しい言葉を使います。これまでなら難しいからいいやってなったかもしれないけど、ここに来る選手は、この説明は、自分のパフォーマンスアップのために行われているんだから、とそこから勉強しだすんですね。もっと理解を深めたいっていう選手たちが多いので『自分を知る』ということの解像度がめちゃくちゃ上がると思います。ここに来るまでは何となく不安だと感じていたことが、資料や画像、数字をもとに客観的に語られるので、まずそこが違うかなと思います。

そこから入って、ではどうしたらうまくなるのかが、次に来ます。うまくなるためのトレーニングはどんなものなのか。今までやってきたトレーニングと、これからやるべきトレーニングの差を理解しながら、終わった直後から明日に向けて頑張ろうと思えること。つまり漠然とトレーニングして筋力をアップするとかじゃなくて、ここで練習の仕方であるとか、データの見方だとかも学んで帰っていると思います。だから結果が違ってくるんですね。

何回か通ううちに、僕たちと共通の言語でしゃべれるようになる。そうなると爆発的に自分を見る解像度が上がってくるんですね。そういう形で、自分のことを言語化できるようになっていくんです」

セッションが「ライブ」になる現場

「NEXT BASE ATHLETES LAB」には、神事の教え子など、様々な分野のスペシャリストが勤務している。

「ここのアナリストは少なくとも『修士』の学位を持っています。バイオメカニクスのデータが読めたり、解析ができたりというのは、ここに入社するうえでの最低の条件です。

でも、ここにはトップアスリートがやってきます。すると今まで、彼らスタッフが扱ったこともないような数値が出る。『こんなでかい値が出るんだ』って。彼らが今まで知っているデータと乖離したり、理解できない結果が出たりする。それが彼らにとって新たな研究の種にもなるんです。

そしてここには、バイオメカニクスの専門家だけでなく、ストレングスコーチがいて、理学療法士もいる。立場が違う人が集まって、一人の選手の一つのテーマについて見解を話し合い、意見交換する。そこで『次のセッションでこんなことしよう』とか、今まで大学で勉強していた時では考えられなかった展開が次々と起こってくる。だから、彼らにとってもそのたびに新しい発見があるようです。

動作分析は1回90分のセッションなんですが、選手との最後の話し合いにはアナリスト、ストレングスコーチ、理学療法士が全部入るんです。一人のアナリストがこう言っている、じゃなくて、ストレングスコーチの立場ではこう、理学療法士の立場から見ればこう、そして選手はこう感じている。そこから出てくる『化学反応』がすごく面白いんですね。だから各セッションがライブなんですよ」

こうした濃密な実践の場が、スタッフたちの教育にもなる。

「プロ野球では今、先進の動作解析システムである「ホークアイ」が現場に普及しつつあるが、ネクストベースでは「ホークアイ」でも測定できない手指の動きまで捉えることができる機器を整備している。手指の動きさえパフォーマンスの向上につなげようとしているのだ。

2022年夏にオープンした「NEXT BASE ATHLETES LAB」には、オフシーズンになるとNPBの選手からの予約が殺到する。

「僕たちがやっているのは別に魔法でも何でもなくて、サイエンスです。だからデータについても全部オープンです。NPB球団のコーチなんかも来て意見交換しますし、みんなで考えてフィードバックしていく。選手が進化するための課題について、みんなで共有して話し合うような体制になっています。これはNPB球団の中にいてはできない、という確信もありますね。

今から必要になってくるのは、データ、バイオメカニクスなどサイエンスの専門家とコーチなど野球指導者の間をつなぐ『パイプ役』ではないかと思います。コーディネーターと言ってもいいかもしれませんが、科学的知見を現場で活用するには、そういう存在が絶対に必要だと思います」

2-3　NPBの現場から

ここからはNPB球団で活躍する4人のアナリストを紹介する。球場では表に出ない彼らの活躍が、ペナントレースを戦う球団、選手を支えている。

①山本由伸は新人の頃から凄かった　田中裕己（オリックス・バファローズ）

■経歴　山梨県出身、鹿屋体育大学大学院を経て、日本スポーツ振興センター、マルチサポート事業に勤務後、2017年にオリックスに入団。

「大学まで野球をしていましたが、大学院では、野球ではなく、動体視力などの研究をしていました。日本スポーツ振興センターでは、リオデジャネイロ・オリンピックに出場する選手をサポートする業務に就いていました。主にレスリングの選手で、ここでも野球は関係ありませんでした。オリンピックが終わって、ちょうどオリックスに『トラックマン』が入るタイミングで、これがわかる人を探しているみたいだよ、と紹介してくださる人がいて、入団しました」

田中は投手担当のデータアナリストとして「トラックマン」などの計測機器を操作し、そのデータを選手やコーチに提供している。

「最近は、YouTubeとかSNSなどでピッチングに関するいろいろな情報が公開されています。そうした情報の中にはいいものもあるんでしょうが、あまり気にしてもらいたくないものもあります。ネット系の情報の中には面白いところだけ取り上げるようなのも多いと思うんですね。選手が間違った知識をもっているときなど『いや、そうじゃないんだよ。この数字はこうなっているけれども、それはこっちの数字が変化しているからで、別に気にする必要はないんだよ』みたいな説明をします。そして『偏った部分だけにフォーカスするとおかしなことになるよ』という話はしますね」

データで見た山本由伸の凄さ

アナリストから見て、2023年まで絶対的なエースとして君臨した山本由伸は、どういう投手だったのか。

「どの球も一級品でした。まっすぐが速いのはもちろんですが、変化球も速く、変化も鋭いです。変化球では、『カットボール』『スライダー』と本人は言って投げているけどほぼ同じ数字、みたいな投手がいるなかで、山本由伸の場合、『本物のカットボール』を投げていました。日本人のカットボールはどちらかと言えば、スライダーに近いのですが、山本はアメリカ発のカットボールに近い『小さく滑るまっすぐ』みたいなボールを投げることができた。日本人ではあまりいないと思いますね」

2017年入団ということは山本由伸と同期だが、入団時の背番号「43」が「18」になり、大投手になる過程で、どんな進化をしてきたのか？

田中裕己

「いや、山本は入団した時から凄かったです。別格です。僕は入団した年は（二軍施設の）舞洲でずっと仕事していて、山本由伸もいましたけど、その当時から投げるボールは他の投手とは違っていました。こんな投手がなぜドラフト4位だったのかわからなかったですが、上がってくるのは間違いないという感じでしたね」

2024年の新エース、宮城大弥はどんな特徴があるのか？

「宮城は変化球の曲がりが大きいじゃないですか。スローカーブ、あんな緩いカーブを投げる投手はあまりいないですよね。投げ方もインステップ気味かつサイド気味で、ああいう投手もいないですね。

山本由伸や宮城クラスの主力級になると、本人たちが、しっかり自分の特徴を把握して、見るべきポイントを自分で設定して練習しているので、こちらから言うことはあまりありません。山本などは投げるときに『トラックマン』の数字などを見ながら投げるのですが、僕は普段の数字を把握しているので、そのデータと比べて今の投球はどうだったのか、という話を1球ごとにしました。こちらからそれ以上のアドバイスをすることはなかったですね」

なぜ優秀な投手が続々輩出するのか

山本由伸はポスティングでドジャースに移籍したが、オリックスには、宮城、山下舜平大、東晃平のように次から次へと優秀な投手が出てくる。投手担当のアナリストとして、その原因は何だと思うか？

「僕にもはっきりとはわかりませんが、やはりスカウトがいいんでしょう。それと、アナリスト的に言えば、いいところを伸ばしていく指導になっているのがいいんじゃないでしょうか？　また、監督・コーチが状態の上がらない選手の修正点をしっかりと指摘して、伸びているというパターンなのかもしれません。それから、一軍と二軍の壁が低いのも大きいと思います。春季キャンプではブルペンで育成投手が主力投手の横で投げることもありますが、投手に関しては一、二軍に分ける必要はないかもしれませんね」

オリックスが3連覇したのはデータで見ると、どういうところが良かったと思うか？

「明らかに他球団と違ったことをしていることはないと思いますが、いろいろな選手が活躍しているのは、そういう選手に目配りができているからでしょうか？　それからコーチの方々がデータについて理解があるのも大きいと思います。今年は、本拠地の京セラドームにホークアイが設置されますので、情報量も増えると思いますが、データの面でしっかりサポートしていきたいと思います」

②コーチとの関係性を重視　森川佳（埼玉西武ライオンズ）

■経歴　スポーツデータ分析会社データスタジアムに勤務後、オリックス・バファローズに入団。スコアラーサポートとして勤務ののちに西武に移籍。

ライオンズ入団後、森川はデータ系のアナリストとして経験を積んでいる。

「春季キャンプのブルペンでは、『トラックマン』を設置していますが、こうした数字の解釈が僕のメインの仕事です。その時期だと注目しているのは『去年のパフォーマンスに戻っているか』ですね。

昨日（取材日前日）は田村伊知郎と豆田泰志の計測をしました。二人ともこの時期としては、結構いいパフォーマンスをしていたんですが、田村は投げた後に『今日の感覚、良かったです』と言ったのですが、豆田は『思ったよりも（数字が）出てましたね』と言った。豆田のこの言葉が気になるんです。彼は知らないうちにオーバーワークになっている可能性もあるので、そういうところは気を付けたいですね。彼のように数字と感覚に差異があるときは、要注意です。

僕は『トラックマン』の数値だけではなく、自分で見た『感覚』も大事にしています。球速、回転数だけでなく、変化球は何を投げるのか、どのくらい変化しているのか、あとはフォーム、タイミングが取りづらいとか、打者からボールがどう見えているのか、みたいなことは自分の感覚で見るようにしています。データと感覚をうまく使って、投手と意見交換をしていきたいなと思っています」

南郷春季キャンプ、ブルペンでの森川佳（左端）

実戦が近づくと「使えるデータの選択」が重要に

シーズンインが近づくと、どんな仕事になっていくのか？

「実戦が近づいてくると、事前準備として使えるデータを選択していくことになります。

オープン戦の半ばくらいから、データを出していって、細かいところを修正して、さらにデータのサンプル出しをしてシーズンに備えます。平良海馬のような出来上がった投手の場合、本人の調整に任せますが、若手の場合は、データも交えながらこうしたほうがいいとアドバイスをします。

それから、高知のB班から上がって来る選手は、一軍選手が中心のA班では精いっぱいやるしかないので、まずは投げさせて、ダメなところがあれば、アドバイスをしています。

僕はプレーヤーとして野球をしっかりやってきたわ

けではないので、実際の選手の動きに関しては、知識が薄かったのですが、榎田大樹や武隈祥太のような選手経験のあるバイオメカニクス担当が、そういうところを教えてくれます。それを理解することで、どんどん操作応用が利くようになりました。わからないことは『多分こうなっているんだよね』って話をしながらお互いにブラッシュアップしていけるのかな、と思います。データ系のアナリストとバイオメカニクス担当は、お互い補い合う存在なんですね。

今年からホークアイが入ってきて、試合のデータは12球団すべてで公開になりますが、まずは自チームの投手の評価をして、現状把握をして、調子の良しあしとか、ちょっと変わってきているポイントをあぶりだすことになります。でも、それだけではダメで、何が変わってきたのか、その理由まで探さないと使えないということになると思います。データ活用がもう一つ深まるということですね」

コーチとの連携で働きやすい環境に

「僕たちライオンズのアナリストは、すごく働きやすい環境にいると思います。それは理解あるコーチの方々が多いからですね。現役時代から一生懸命努力して這い上がってきたコーチの方々が、僕たちのような野球経験のない人の言うことをどんどん聞いてくれるんです。それはありがたいことでもあるんですが、それだけに漠然とデータについてプレゼンテーションするんじゃなくて、本当に役立つ情報を届けなければいけない。そして『こういう情報が欲しいんだろうな』というのを理解する必要があります。そのためには普段から話しかけて、何でも話し合える関係になる必要があると思います。おかげ様で、コーチの方々とは気を遣わずに接することができていますが、そういう人間関係は大事だと思いますね」

③　自ら手を上げて育成コーチに　八木快（横浜 DeNA ベイスターズ）

■経歴　愛媛県出身、今治西高時代、チームは4回甲子園に出場し、自身も3度ベンチ入りを果たす。卒業後は岩手大学に進み野球を続け、筑波大学大学院に進み川村卓准教授の研究室で野球のコーチングを総合的に学ぶ中でバイオメカニクスに関する研究に従事。修了後、DeNA に。

「筑波大学の川村卓先生はラケットバットスポーツコーチング論という分野で野球の研究室を構えておられ、当時から野球部の監督も兼務しておられました。野球について突き詰めるなら、と筑波大学大学院に入学しました。僕が入ったタイミングで、2023年までベイスターズの二軍監督だった仁志敏久さんや、現ロッテ監督の吉井理人さんも入学されて、同級生になりました。その後、2024年から法政大学野球部監督になられた大島公一さんも入学されました」

大学院では、野球部のコーチをしながら、選手の課題解決にはどういう手法があるかを研究室とグラウンドを往復しながら考えていた。

「大学院では僕は、社会人野球のスコアラー的な役割をしていました。地方大会などに出向いてデータを収集して都市対抗野球や日本選手権に向けて分析結果を提示するような仕事です。それとともに多岐にわたる勉強をしましたが、バイオメカニクス分野では『外野手の守備』についての研究をしていました」

バイオメカニクス部門の「内製化」を担う

修士課程の2年が修了し、博士後期課程在学中のタイミングで、横浜 DeNA ベイスターズからオファーがあった。

「DeNAとしては、バイオメカニクスの分野の『内製化』をしたいという話でした。それまでは、アウトソーシングしていて、筑波大学大学院ともその関連で交流があったのですが、いよいよ本格的にチーム内で内製化すると。ついてはバイオメカニクス部門の土台作りから始めてほしい、という話でした」

八木はDeNAのバイオメカニクス部門を構築する役割を担って入団した。

「入団1年目は打者も投手もということで、朝から晩までハイスピードカメラでバッターのデータを録ったり、ピッチャーのデータを録ったり、3次元動作解析をしたりして動きまわっていました」

八木は自分の業務を確立するとともに、球団内部に「バイオメカニクス担当のアナリスト」という仕事を認知させなければいけなかった。

「スタッフや選手に、こういうことがわかるよ、こういうところが有益だよ、と広めていきました。球団は最初からデータ部門を強化するという方針をしっかり決めてサポートしてくれたので、僕自身もやりやすかったです」

トップエリートである選手は、技術やトレーニングについて一家言を持っていることが多い。そういう選手に説明、説得をするにはそれなりのコミュニケーション能力が必要になる。

「この部分は本当に川村先生の研究室でよく鍛えられたなと思います。大学院時代からプロ野球選手がやってきてデータ測定をしたり、逆に研究室から球団に出向いて測定をしたこともありましたし、春季キャンプに参加させてもらったこともありました。そういう活動を通じて選手にどう伝えればいいかは、実地でたくさん経験していましたし、川村先生からも折に触れてご指導いただいたので、それほど高いハードルにはならなかったですね」

投手専門になったのは3年目からだ。

「大事なのは、バイオメカニクスのデータと関連する前後のデータ、例えば『トラックマン』や『ラプソード』など弾道測定器で出てくるトラッキングデータ、さらにはその上位の、試合などの記録で表れるデータや、バイオメカニクス以前のフィジカルデータなど、全体像を把握します。餅は餅屋ですから、フィジカルはトレーナーと連携するし、技術はコーチと連携をとるなど、チーム全体で選手を見ていくことが大事だと思います」

選手に対しての説明で、工夫しているのはどのような部分か？

「コーチとしてはメカニクスの観点で、こういう動きをしてほしいという要望があるんですが、それを投手に直接言ってもなかなか難しいものがあります。しかし例えば『肘を上げてごらん』ではなくて『頭の横にボールを持ってきてごらん』と言えば、勝手に肘が上がるとか、工夫しながら伝えるようにしています」

投手出身の三浦大輔監督はデータについて理解がある指導者なのか？

「僕が入ったときにはちょうどファームの監督をしておられたのですが、『ラプソード』とか計測機器が入ってくると『これはどういう意味があるんだ？』ってよく聞かれました。監督自身がやってこなかった練習法や指導法についても学んでいる感じです」

トレバー・バウアーの衝撃

2023年、MLBのサイ・ヤング賞投手、トレバー・バウアーがDeNAに入団した。この投手は、優秀な先発投手というだけでなく「ピッチデザイン」ができることでも知られる。米のトレーニング施設「ドライブライン」では、アナリストとともに研究をして、機器の整備にも参画し「データ野球」の進化を促したといわれる。彼の加入は、どんなインパクトがあったのか？

「バウアー選手の加入は、確かに衝撃でしたね。たとえば試合前、キャッチボールが始まる前のフェーズとして、彼は筋肉の大きい部位から徐々に動かしていって、最後にプルダウン（短い距離から全力で球を投げ込む練習）するような形で肩肘をしっかり動かしていくんです。

彼に、どういうところを意識しているか聞いたのですが、練習の最初の段階から投球するまでの意識をつなげていっている。ある意味自然なんですが、今まで日本の投手はそういうところをちゃんとやっていなかったなと思いました。ベイスターズの投手も彼から学ぶことは大きかったと思います。

それと彼が他の投手と違ったのは、自分のパフォーマンスをデータで把握していることですね。『最終的には自分でも感覚的なところはある』とは言っていたんですけど、いろんな器具やシステムを使って自分の投球を可視化することに長《た》けていました。今までの投手がそういうことを積極的にやっていたかというと、そうではなかったので、その部分は他の投手にも影響を与えたと思います。

球数などについても自分でちゃんと管理している感じで、この時期にはどんどん投げ込んでも大丈夫だ、その後しっかり休んで、スプリングキャンプに入れば大丈夫、みたいな計画性、ビジョンをもっていました。その部分は大いに参考になりました」

ＭＬＢに挑戦する今永昇太の進境

２０２３年オフには今永昇太がポスティングシステムでＭＬＢ移籍を表明し、シカゴ・カブスへの移籍が決まったが、彼はデータ的にはどんな投手なのか？

「僕の目線では、今永選手はセ・リーグのトップのクローザーくらいの奪三振能力とかファウルを打たせる能力を持った投手だったんです。そんな投手が先発で投げている。だから要所でしっかり三振が取れたというのが強みでした。また、そういう投球ができるメカニックもちゃんと備えていました。もちろん、彼自身がデータを見て自分の投球を判断できるレベルでもありました」

投手の中にはタブレットでデータを確認してパフォーマンスに役立てるような投手もいるが、その一方で、これまでと同じように経験と勘に頼るタイプもいる。どちらの方が成功していると言えるか？

「一概には言えませんが、自分の投球をデータで見る人が、やっぱり一軍に昇格したり、パフォーマンスが伸びていく傾向にあるかなと思います。
ブルペンでもよく測定をしますが、ファームの投手は『ラプソード』のトラッキングデータを見てもあまり反応がないことが多い。でも一軍の投手は『（今自分が投げたボールのデータは）こんな感じなんですね』とか感想を言うんです。つまり一軍の投手は自分の感覚とデータを突き合わせて、比較をして裏付けをとることができるんです」

八木快

　2023年は、投手育成コーディネーター兼任の育成投手コーチだったが、2024年からは育成投手コーチ専任となる。

「バイオメカニクスのデータをベースにいろいろパフォーマンスを伸ばしていくというところは変わらないと思います。ただ、最近は育成選手も多くて、もっと成長させなければなりませんが、そういう選手をゲームで戦えるようになるまでしっかり育成するという仕事が占める割合が大きくなると思います。単にバイオメカニクス担当としてアドバイスするだけではなく、成長の道筋まで示していくのがコーチだと思うので、そこはかなり変わると思います。

なぜこうなっているのかを評価し、指摘するのはこれからもやりますが、この部分を向上させるためにはしっかりトレーニングするべきだ、ということを理解させたり、実際にはどういう練習をするのか、を提案していくことになると思います。実は、そういう点もあってバイオメカニクスアナリストからコーチになりたいと、僕から球団に申し出たんです。バイオメカニクス的な知見を利用して育成につなげていくには、ここまでやらないとダメだ、と思ったんですね」

2024年はどのような目標を持っているか？

「僕の仕事場が、春季キャンプ地のほかは、DOCK（ベイスターズのファーム施設）であることは変わりませんが、仕事の内容は大きく変わります。例えば、ある選手を中継ぎ投手として育成するには、やはり何か武器になる球種がないと勝負できない。だったら、どんな球を投げるようになるべきか、みたいな強みを出せるような指導もすることになります。今、バイオメカニクス担当は5人います。兼任のスタッフもいますが、選手だけでなく彼らを指導、育成するのも僕の役割だと考えています。

データに携わっているものとしては、少し矛盾しますけど、データを使うことが重要ではなくて、データも含めて『チームが勝つこと』が求められているのだと思います。選手のポテンシャルを高めることは大事ですが、最後はやっぱり勝たなきゃいけない。そこに貢献できるようになるのが理想ですね」

④ 夢は中国代表のアナリスト　劉璞臻《りゅうはくしん》（埼玉西武ライオンズ）

■経歴　中国出身、山東省の山東体育学院を経て筑波大学大学院に進み、川村卓准教授の研究室でバイオメカニクスを学ぶ。修了後、独立リーグの埼玉武蔵ヒートベアーズを経て西武に。

中国から日本へ、そしてアナリストに

「2008年北京五輪で初めて野球に触れて、それから日本の高校野球やMLBの試合も見るようになりました。大学では体育教育について学び、中国の教員免許も取得して、野球に興味があったのでアマチュアの野球チームに入りましたが、どうしても大学院で

野球を学びたいと思って、両親と相談しながら留学を決意しました。野球を学ぶなら日本かアメリカしか選択肢はありませんが、もともと日本の野球に興味を持っていたので、日本に留学することにしました。川村先生の名前はネットで知っていましたし、中国人の先輩からも『偉い先生だ』と教えてもらいました。

最初は日本語があまりわからなくて、まずそれが大変でした。川村先生の研究室ではバイオメカニクスについて学びましたが、中国では体育教育を専攻していたので、専門的な動作解析などはほとんど知らなくて、日本語もバイオメカニクスも一から勉強をして、2年かかりました」

日本のプロ野球人気を目の当たりにして、日本の野球界に進みたいと思った。たまたま中国出身の投手、劉源が、独立リーグ埼玉武蔵ヒートベアーズのトライアウトを受けることになり、通訳をつとめたことが縁で、武蔵の職員となる。

そして埼玉西武ライオンズに履歴書を送った。市川徹球団本部チーム統括部長兼企画室長が、興味を示して劉に連絡をした。上司となった市川自身も、募集がないのに西武ライオンズに履歴書を送りつけて入団が決まったという経歴の持ち主だ。人材に対して経歴や資格ではなく、資質を見抜く柔軟さを持っている。市川は「履歴書を見ると、筑波大学の川村卓先生の下で勉強したと書いてあった。それも劉君の場合、バッティングがメインだと書いてあったので、当時、募集はしてなかったのですが珍しいので一度会ってみようかということになった」と語る。

元オールスター選手と同僚に

西武ライオンズに入団した劉はまず企画室でプロ野球全般について学んだ。さらに「トラックマン」の操作法を学んだ。大学院で学んだ専門知識も活かして、次第にアナリストとしての存在感を増していく。

筆者は川村卓研究室時代の劉を知っている。研究室仲間と食事に行っても、口数は少なくコミュニケーションに苦労している印象があった。しかし、今回取材した劉は、驚くほどに日本語に堪能で、相手に対する気配りもできるようになっていた。今では、選手やコーチとコミュニケーションをとりながら、ハイスピードカメラで撮った映像を見ながら、動作について説明するような仕事に従事している。

2年目までは、投手、野手（打者）両方のデータを見ていたが、3年目からは野手のデータ専門となる。投手は榎田大樹ファーム投手コーチが担当している。プロ野球でオールスターにも出場した元投手と、中国出身で選手経験のないデータの専門家が「同僚」になる。これが最新のプロ野球の現場なのだ。

「データ分析の分野では、やはり投手の方が進んでいます。しかも打者と違って、投手は自分から動き出します。打者の場合、投手が投げた球に反応して動き出しますので、打者の分野はデータ解析も難しいところがありますね。打者の分野はプロ野球でも未開拓な部分が多いので、自分にとってもチャレンジだと思います」

一軍の試合では、打撃練習でバッティングケージの後ろにタブレット端末を置いて、数字を見ながら選手やコーチと会話したり、打球の特徴などもアドバイスしている。そういう形でデータを見ながら具体的な助言をするのが劉の役割だ。

劉璞臻

レジェンド打者二人が、データに熱中

今のライオンズでは、一番熱心にデータについて聞いてくるのはどの選手なのか？

「特にベテランの二人ですね。栗山巧選手と中村剛也選手は興味を持って、いろいろ質問をもらいます。打撃に対する理解力が高くて、自分のスイングについては自分のデータと、感覚的なものを一致させようと思っているんじゃないかと思います。中村選手は他の選手のデータも見ています。それから２０２３年に関しては特に外崎修汰選手ですね。若手の選手も『ブラスト』を装着して自分の打撃を数値化したり、データに関心を持っていますね」

データに敏感そうな若手ではなく今年40歳のレジェンド二人がデータ活用に熱心だというのも驚きだ。彼らがベテランになってもチームの主力として中軸を打つことができるのは、日ごろのトレーニングに加え、最新のデータを旺盛に取り込む探究心があるからだろう。

「こうして活躍する機会を与えてもらったので、チームのためにもっと貢献できるアナリストになりたいですね。それと中国出身なので、中国の野球の発展に貢献できればいいですね。23年のＷＢＣでは中国代表も来ました。今の中国代表はＭＬＢ関係の方が仕切っていますが、いずれ僕もお役に立ちたいです」

第3章　トラックマン、ラプソード、ホークアイ、そして……

日本野球の「データ革命」は「弾道測定器」というハード機器とともに訪れたと言ってよい。「トラックマン」「ラプソード」「ホークアイ」という機器やシステムは「投球、打球のデータを計測する」という同じ目的のために開発されたが、各メーカー、エージェントの設計思想やビジネスモデルは異なる。それぞれのメリット、デメリットを比較していくと、今のデータ野球の核心部分が見えてくる。

3-1　軍用技術から生まれたトラックマン

軍用技術からの転用

「トラックマン」は２０００年、デンマークの TRACKMAN 社が開発した弾道測定器だ。

アメリカ軍の弾道ミサイル迎撃システム「パトリオット」の開発過程で、ミサイルの弾道を解析するために開発されたドップラーレーダーの技術を応用している。

もとはゴルフのために開発された。各ショットについて、クラブのヘッドスピード、ボールスピード、打ち出し角、スピン量、キャリーディスタンスなど、幅広いデータを検出することができる。プロゴルファーやコーチたちは、包括的なデータを見て、選手個々の改善点をピンポイントで指摘することができた。2006年にはPGAツアーで導入され、瞬く間にプロ、アマのゴルファーの間に普及した。今では日本のゴルフ練習場でも「トラックマン」を設置し、データを利用者に提供しているところがある。

この「トラックマン」を野球に転用したのがMLBだ。MLBは2006年から「PITCHf/x」というスピード測定システムを導入し、試合での投球の球速、軌道、変化量などをオンタイムで表示、公開し、データ野球に革命をもたらしたが、「トラックマン」を活用することで、このシステムをさらに進化させた「スタットキャスト」を開発した。「トラックマン」と光学高精度カメラを組み合わせることで、投球だけでなく打球もデータ化し、解析することを可能にした。「スタットキャスト」は2014年の試験運用に続き、2015年にはMLB全30球団に設置された。

ＭＬＢでは「トラックマン」は「スタットキャスト」に組み込むトラッキングシステムとして普及したのだ。これによって投手の球速、回転数、変化量、打者の打球速度、飛距離などのデータは瞬時に公開され、ランキングされるようになった。平たく言えば「選手のポテンシャル」が、丸裸になったのだ。

ＮＰＢでの活用

ＭＬＢではＭＬＢ機構が主導して「スタットキャスト」のシステムに組み込む形で「トラックマン」がすべての球場に設置されたが、ＮＰＢでは、個別の球団が各球団の本拠地球場に「トラックマン」を単独で設置する形で普及が始まった。

最初に導入したのは、第2章でふれたように東北楽天ゴールデンイーグルスだ。「スタットキャスト」がＭＬＢで導入されたのと同じタイミングの２０１５年に本拠地の楽天 Kobo スタジアム宮城（現楽天モバイルパーク宮城）に設置された。その後、埼玉西武ライオンズなどが次々とＮＰＢ球団の本拠地に設置した。

「トラックマン」の導入を推進したのが、プロローグでも登場したトラックマン野球部門責任者の星川太輔だ。

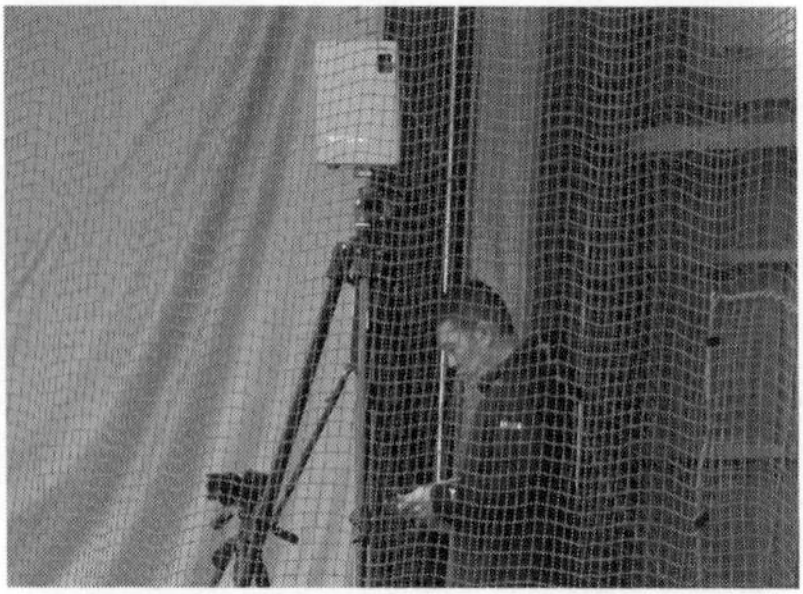

ブルペンに設置されたポータブルタイプの「トラックマン」

「NPB球団で使っている『トラックマン』は、各球団の本拠地球場に設置しています。設置費用は別途かかりますが、設置しても機械そのものはTRACKMAN社のもので、球団は年間使用料を払ってレンタルします。ずっとランニングコストがかかるんですね。2023年時点では10球団が『トラックマン』と契約しています。これで12球団のすべての選手のデータが取れます」

試合用に球場に設置されるタイプの「トラックマン」は、契約している球団にデータを提供するが、その球団の選手のデータだけを提供するわけではない。相手チームのデータも含め、その球場でのすべての試合データは、契約している球団に向けて公開される。契約している各球団は、敵味方問わない全選手の試合のデータを見ることができ、活用することができるのだ。反対に言えば「トラックマン」を導入していない球団は「トラックマン」を導入している球団の本拠地での試合では、相手球団に自分たちの選手のデータも含め試合のデータをすべて把握されるが、自分たちは自球団の選手のデータでさえ見ることができない、ブラインドがかかったような状態になる。

もちろん「トラックマン」を導入しているだけでは、アドバンテージはない。契約している他球団と同じデータを取得して、どんな分析をするか、どんな分野に役立てるか、が問われているのだ。「トラックマン」を導入した時期から弾道測定器などの最先端の「武器」を十分に活用できるエキスパートを各球団が必要とし始め、星川太輔などを通じてアナリストを雇用するようになった。

3-2　より手軽なラプソード

ポータブルで価格が安い

「ラプソード」は、2010年、シンガポールで設立されたRapsodo社が開発した、「トラックマン」と同じ弾道測定器だ。野球、ソフトボール、ゴルフなどの分野で投球、打球をカメラとレーダーで計測する。トラッキングデータを取得した直後に専用アプリケーション上でのデータ確認や、タブレットでの映像録画・再生ができる。

「ラプソード」には、ピッチングのデータが録れるもの、バッティングのデータが録れるもの、両方同時に録れるもの、試合のデータも録れる「スタジアム」などがある。レーダーとカメラの両方でデータを録って、分析するツールまでが一セットになる。同様の機器・システムには「トラックマン」や「ホークアイ」があるが〝持ち運び可能〟が一番の強みで、プロ野球12球団だけでなく大学100校、高校140校でも導入されている。日本で「ラプソード」を最初に導入したのは、2017年、プロ野球チームではなく慶應義塾体育会野球部だった。

価格は「トラックマン」が最低価格で設置費用約1000万円、使用料も年間1000万円と高額なのに対し「ラプソード」は数十万円前後からと安価なため、プロ野球チームだけでなく、選手個人や学校などでも導入が進んでいる。「ラプソード」は原則として、投手と捕手の間に設置するため、主に練習に使用する。「トラックマン」を導入している球団でも、練習用に「ラプソード」を複数台導入するのが一般的になっている。ちなみに「トラックマン」も試合用だけでなく、ブルペンなど練習でも使用することができるポータブルの「トラックマン」も開発している。

23年のWBCで星川太輔が侍ジャパンのキャンプや球場に持ち込んだのもポータブル

の「トラックマン」だ。なお、毎年11～12月に沖縄で行われるジャパンウィンターリーグ（JWL）では試合のデータも録れる「ラプソード・スタジアム」を使用し、試合の投球、打球のデータを計測してオンタイムで公開していた（第6章参照）。

ともあれ「トラックマン」と「ラプソード」は競合関係にあるが、同時に試合と練習の現場での「補完関係」にもあると言える。

2024年4月22日、ラプソードは大谷翔平とテクノロジーアンバサダー契約を結んだと発表した。大谷はすでにラプソードの「投打同時計測可能デバイス・PRO 3.0」を使用して、パフォーマンスの向上に役立ててきた。ラプソードは今後、パーソナルな測定機器としての市場を拡げていくと思われる。

「ラプソード PRO 3.0」（手前）と「ラプソード PITCHING 2.0」

3－3　画像をデータ化するホークアイ

映像をベースにする

「ホークアイ」は、複数台のカメラが捉えた映像からボールの軌道を再現し、コンピュータグラフィックス（CG）として瞬時に表示するシステム。「トラックマン」や「ラプソード」と同様の弾道測定技術を使用してはいるが、システムの構成は全く異なっている。「ホークアイ」は外形上は計測機器ではなく複数台のカメラのネットワークになっている。開発元のホークアイ・イノベーションズは2001年に設立され、2011年に日本のソニーグループの傘下に入った。

当初はクリケット、テニス、サッカーなどの審判補助システムとして活用されたが、2020年、MLBは「スタットキャスト」のトラッキングシステムを「トラックマン」から「ホークアイ」に切り替えた。同年、「トラックマン」と契約していなかった東京ヤクルトスワローズは、本拠地神宮球場に「ホークアイ」を設置した。

ちなみに2019年、東京六大学野球連盟は「トラックマン」の導入を決め、神宮球場に「トラックマン」を設置したが、ヤクルトは契約していなかったために、これを利用することができなかった。同様に現時点では、東京六大学も、神宮球場に設置された「ホークアイ」を利用することができない。日本球界では、こうした「データギャップ」がいろいろなところで起こっている。

圧倒的な情報量の多さ

「トラックマン」や「ラプソード」と「ホークアイ」の最大の違いは、前二者があくまで「点」として「打球」「投球」の動きを捉えてデータ化するのに対し「ホークアイ」は「画像」を記録してデータ化することだ。そのために従来の「打球」「投球」のデータだけでなく、選手の骨格座標の情報もモニタリングできるのだ。

投手が投げて打者が打つ際の動きや、投手、打者のフォームを約20か所の関節の動きでトラッキングする。さらにボールの縫い目とロゴを画像で追うことで、ジャイロ回転など特徴的な回転も捕捉できる。そして画像データなのでタイムラインでも確認でき、スローやコマ送り、ループ再生なども可能だ。さらには、これらのデータを使用して、CGを作成し、様々な角度から投球動作の確認ができる。また投手、打者だけでなく野

「トラックマン」(左)と同じ場所に設置された「ホークアイ」

手の守備データも同時に把握できる。これによって、最もデータ化が遅れていると言われていた「守備のパフォーマンス」の評価も格段に向上する。つまり「ホークアイ」は、野球の試合でのバイオメカニクス的なすべてのデータをオンタイムで記録し、分析できるのだ。

さらに言えば「ホークアイ」は「画像」を基本にしているので、「トラックマン」や「ラプソード」に比べてデータの正確性が上がっているとも言われている。またカメラの画像データなので「データの読み直し」が可能だ。計測に関して新たな指標が開発されれば、過去の「ホークアイ」の画像をもとに、新たなデータを追加することも可能になる。ただし「ホークアイ」を本格的に活用するには、「トラックマン」や「ラプソード」以上に、データに精通したアナリストが必要になる。

ＭＬＢの「スタットキャスト」はトラッキングシステムを「トラックマン」から「ホ

ークアイ」に換装したが、近年は投球、打球の軌道だけでなく試合中の野手や走者の動きまでオンタイムで表示している。精度が格段に上がったことがこれで分かる。

2024年から12球団で「ホークアイ」導入

本書執筆中の2024年2月、プロ野球の春季キャンプを回ってアナリストたちの話を聞いていたところ、2024年シーズンから12球団が本拠地球場に「ホークアイ」を設置することが分かった。昨年までは「トラックマン」の方が優勢だったが、今季からは全球団が「ホークアイ」で試合時の投球、打球計測を行う。これによって、昨シーズンまでNPB球団に存在した「データギャップ」は解消される。「これで純粋に、アナリストがデータをどう読むか、の競争になる」と話すアナリストもいた。

「ホークアイ」に取って代わられた「トラックマン」だが、「トラックマン」野球部門責任者の星川太輔は「一軍ゲーム用のトラッキングシステムとしては『ホークアイ』がすべてを担うことになりましたが、二軍では依然として『トラックマン』が試合のデータ計測を担当します。また、ブルペンなど練習用の『トラックマン』の需要はむしろ高まりつつあります」と語る。

3－4　弾道測定器から何を読むのか？

ここでは「トラックマン」「ラプソード」を扱うアナリストへの取材にもとづいた基本的な「データの読み方」を簡単に紹介する。

基本的な機能

「トラックマン」「ラプソード」「ホークアイ」の基本的な機能はほぼ同一だ。投手に関しては球速、回転数、縦、横の変化量を計測している。打者は打球速度と打球角度だ。

変化量が「縦0横0」の座標軸付近に来るボールは、重力のみで変化したことになる。ナックルボールなどは「縦0横0」近辺にプロット（図示）されることが多い。重力だけで変化しているのだ。

フォーシームは「まっすぐ」と表現されるが、WBC日本代表選手の数値では平均で横に20㎝シュートして縦に40㎝ホップしている。

一般的に「シュート回転するボール」はよくないとされるが、弾道測定器を扱うアナリストは「一番よくないのは『平均値に近いボール』」だという。平均値近くのボールは、打者には見慣れたボールなので、打たれやすくなるという理屈だ。縦、横に大きな変化量のあるボールは打者からはホップしたり、カットして見えるので有効だ。

球種の図形の「面積」をいかに広げるか

一つ一つの球種の「変化量」の追求も大事だが、それ以上に「組み合わせ」が大事だ。他の投手の同じ球種との比較よりも大事なのは、自分の持っている他の球種との組み合わせだ。その組み合わせから配球を考えるべきだ。

投手が弾道測定器を使用すると各球種の投球データの球種と縦横の変化量をプロットした図形が提示されるが、違う球種を投げているにもかかわらず、点が近い位置に集まっている場合は、この図形をどのように広げるかを考えるべきだ。ちなみに、98ページの図表は、上が高校生、下がプロ選手のものである。アマチュア投手の図形は各球種が似たようなところに集まって面積も小さいが、プロの一線級の投手は各球種のプロットが大きくちらばって面積が大きくなっている。

高校生（上）とプロ選手の
球種別投球のプロット図（模式図）

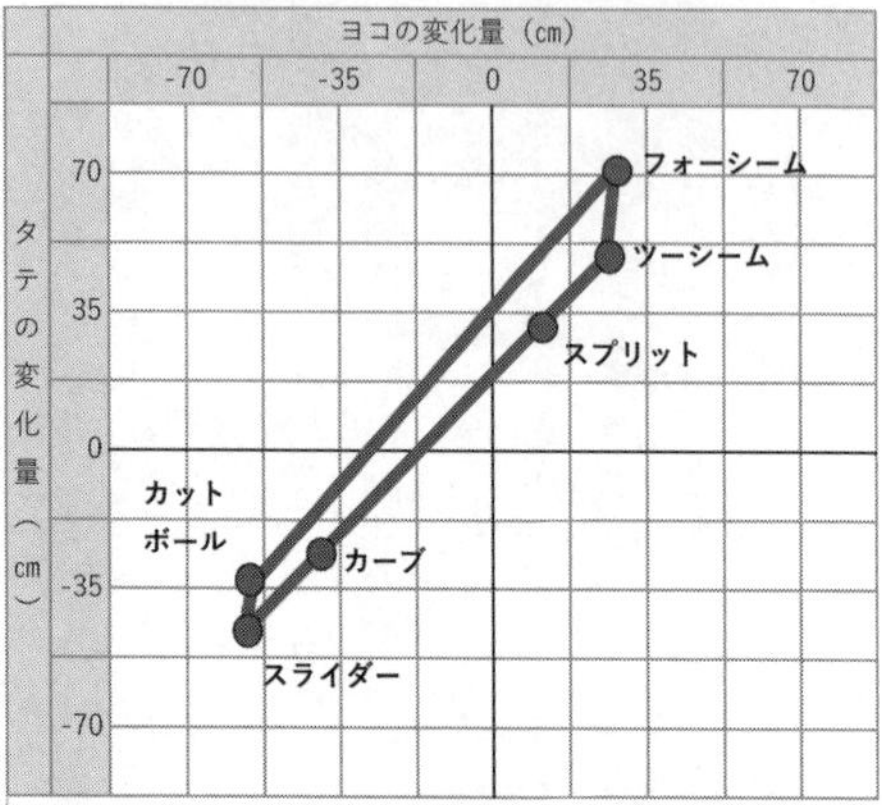

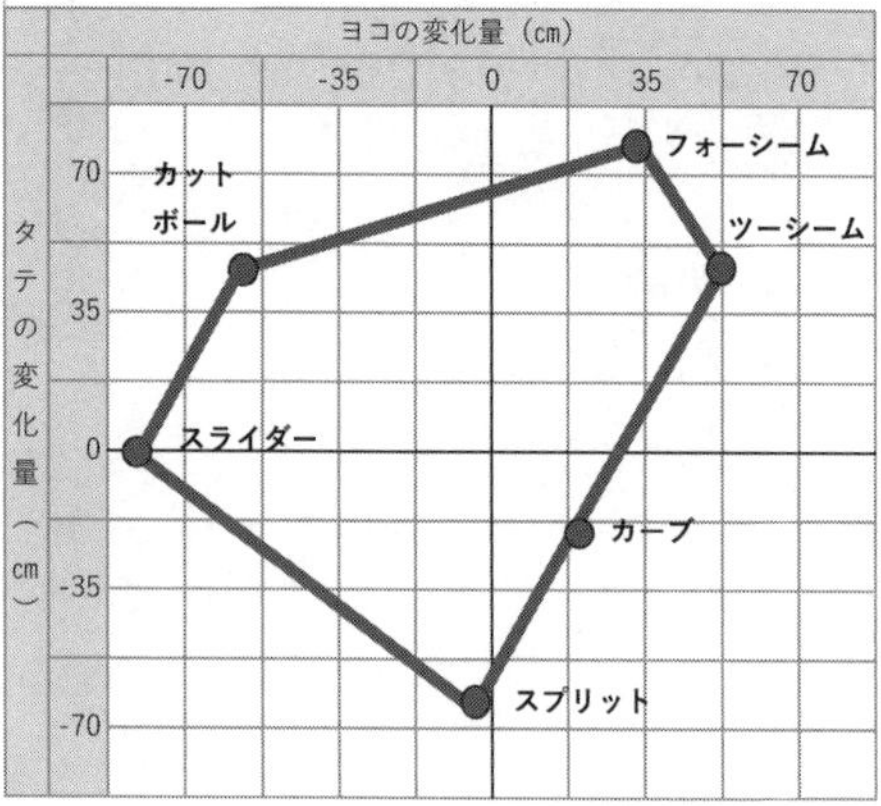

どんなに多くの球種を持っていても、各球種の数値が近い位置にあれば、打者からはどれも同じような球に見えてしまう。スライダー、カーブ、カットボールがみんな同じようなところにあれば、球速差はあっても打者には同じように感じられ、対応が容易になる。プロローグで、ダルビッシュ有の投球データをコーチが「投手が二人いるようだ」と言うシーンが出てくるが、彼の強みはまさにこの部分にあるのだ。

投球で大事なのは、個々の変化球の変化が独立していて、かつ広がっていることだ。

打球速度が速ければ本塁打、長打の可能性は広がる

打者の場合はシンプルで、打球の初速（「Exit Velocity」）が速ければ速いほど打球速度も速くなる。ただ、最速の数値がどんなに高くても、平均値が低ければ投球にフィットしていないことになる。打者ごとにタイプにあった目標設定が必要だ。

フライボール革命で使う「バレルゾーン」は、長打になる確率が高いとされる打球速度と角度の組み合わせだ。例えば打球速度が158km/hの場合、角度が26度から30度に収まると一番長打が出やすい。この領域を「バレルゾーン」と言う。打球速度がどんどん上がっていくと「バレルゾーン」もどんどん広がっていく。大谷翔平のように

180km/h とか 190km/h の打球が打てれば、8度でも「バレルゾーン」になって、長打になることがある。

打球のデータ測定には、弾道測定器以外に、第4章で紹介するミズノの「ブラスト」などを活用することもできる。

弾道測定器は「測定する」だけでは、選手の武器にはならない。そのデータから何を読むかが重要なのだ。

第4章　スポーツデータ関連ビジネスの進化

野球の進化、情報化は、野球関連ビジネスのイノベーションでもある。伝統的な野球用具メーカーも、単なる「用具屋」ではなく、情報化で野球界をサポートするビジネスモデルに変貌しつつある。さらには、トレーニング施設も、球団にはない機器やノウハウを装備して、新たなポジションでビジネスを展開している。また地方では、データを活用した「野球の町興し」も始まっている。本章では、野球界の外側で進展しつつあるスポーツ関連ビジネスの進化について紹介する。

4－1　総合スポーツメーカー、ミズノの戦略

野球用品、スポーツ用品のトップメーカー、ミズノ株式会社は近年、研究開発部門に

力を入れている。「スポーツで社会を変える研究開発ビジョン」を掲げ「競技」を中心に「教育」「健康」「環境」「ワーク」の五つの領域で変革を目指している。

2022年には大阪市住之江区南港のミズノ本社の隣に、研究開発拠点「MIZUNO ENGINE」を設立、各分野のスペシャリストのアイデアと最先端設備を集結させ、開発の起点となる「はかる」「つくる」「ためす」のプロセスを加速させようとしている。

筑波大学大学院でスポーツ界全体を考える視野を得た社員

中田真之は、野球好きの父の影響で小学校から野球をはじめ、都立高校から大阪大学工学部に進学。大学でも野球を続けるかたわら、野球のコーチングやデータ分析に興味を持って学んでいた。大学卒業後は、筑波大学大学院の川村卓准教授の研究室に進んだ。

「川村先生は動作解析が専門でしたが、同時にコーチングの勉強もできることに惹かれました。大学院では投球中のグラブの使い方の動作解析の研究や、併殺の時間分析の研究をしていました。研究のかたわら、大阪大学の野球部が強くなるために試合の分析データを出したり、トレーニングメニューを作ったりもしていました。また『BCS』という野球塾で選手の動作改善をするアルバイトをしていました。

川村先生の研究室からはプロやアマの野球の現場にもどんどん出向きましたし、コーチも研究室によく来ていました。僕の隣の座席では元近鉄、オリックスの大島公一さんが、ものすごく熱心に研究しておられて、刺激を受けました。大学院ではスポーツ界全体を考える視野を得たと思います」

そして修士課程を修了してミズノに入社し、グローバルイクイップメントプロダクト部に配属された。

「球界全体とか、スポーツ全体についての問題意識がありました。最初は、野球ではなくて卓球のラバーの研究、開発を担当しました。卓球では野球以上にボールの回転が重要です。現場に行かせてもらって選手の声を聞いたりしながら材質や製品の改良を行いました。その後、野球の分野を担当するようになりました」

ソフト、アプリも組み込んだシステム「ブラスト」

中田が担当した製品の一つが、「ブラスト」というバットのスイング時のさまざまなデータを計測する機器だ。グリップエンドにつけるセンサーから Bluetooth で iPad や iPhone などの端末に打撃のさまざまなデータを送信する。23年のＷＢＣ（ワールド・ベースボール・クラシック）の日本代表チームで打撃練習の時に、大谷翔平がこの機器をバットのグリップに装着して、バットスピードやバット角度からスイングスコア、打球スピード、飛距離などのデータをオンタイムでチェックしていた。その姿を見た日本代表選手の中には、大きな刺激を受けた者もいるという。1セットで2万1780円（税込）という手頃な価格の機器ながら、日本野球のバッティングに革命をもたらそうとしている。MLBでは30球団のうち26球団が「ブラスト」を導入しているが、日本ではミズノがこの製品を取り扱っている。バットのグリップに装着するセンサー、アタッチメントと専用アプリからなるシステムだ。

「これまでバッティングのデータを計測する機器として、ミズノは『スイングトレーサー』を販売していました。それが『ブラスト』に切り替わる時期から担当しました。『スイングトレーサー』は一度静止した状態からでないと計測できなかったから、選手はやりにくかった。でも『ブラスト』は、動いている中でもデータを録ることができる。選手が普通の練習をしながら、自然とスイングデータを計測できるんですね」

計測機器の開発の歴史は、データ精度の進化の歴史であるとともに、装着する被験者の快適性を追求する歴史でもあった。「ブラスト」は、打者が装着していることを意識せずにデータを検出することができる。

「『ブラスト』で計測できるバットスピードとは、バットのヘッドから15㎝のところでのスピードになります。バットを替えればその都度、設定が必要です。少年野球なら少年野球のバット、プロならプロのバットになるように設定する必要があります」

そういうことをよく知らずに使って「遅いな」というユーザーもいるという。こういう最先端の機器は「使い方」「データの見方」を説明することも含めての「販売」「普及」ということになる。

「ブラスト」は無料バージョンでは、バットスピード、手の最大スピード、アッパースイング度、スイング時間、軌道、さらにはスマホで動画を撮っていれば、それに連動させるなどのデータサービスを受けられるが、年額825０円の選手モードの有料サービスでは、バットと体の角度や打球スピード、他の選手とのデータの比較、データのグラフ化、統計なども可能になる。さらに年額1万375０円のコーチモードの有料サービスでは、選手のデータ管理や、チームレポートを作成する機能がついてくる。

現在のスポーツ計測機器は、計測するハードだけでなく、ソフト、アプリも組み込んだシステムなのだ。その点が、一時代前の「スピードガン」とは大きく違う点だ。

「ブラスト」を持つ中田真之

「データの民主化」が起きている

「『ブラスト』の販売、普及については、僕が大学、大学院時代に練習メニューを考えたり、自分自身で動作解析のシステムを考えたりしてきた経験が生きています。どの情報から整理していったら指導者にとって役立つか、などを考えてサービスを作っています。

これまで、ハイスピードカメラを設置するなど大きな装置でなければ録れなかったバッティングの情報が、『ブラスト』をグリップに装着すればすぐに出てくる。自分で確認することもできるし、チーム単位でも把握できる。『データの民主化』が起きているかな、と思います」

中田は、昨年11〜12月に沖縄県で行われたジャパンウィンターリーグで「ブラスト」の使い方について選手にこう説明している。

「『ブラスト』は、iPhone や iPad にデータが飛んでいます。なのでバッティングセンターで iPhone をポケットに入れて打ってデータを見ることもできます」

こんなに簡単に、個人が、打撃動作に関する高度なデータを入手できる時代がやってきたのだ。

「選手からは『データが出たんですが、この意味が分かりません』とか『こういう解釈でいいですか？』『もっと打てるようになるにはどうすればいいんですか？』『どの数字に着目すればいいんですか？』などの分析に関する質問が多いですね。チームに直接お伺いしたり、Zoom でミーティングしたりして、活用法の普及をしています」

投手用の計測機器も開発

中田は投手用の計測機器も企画、開発し、普及させている。

「野球ボール回転解析システム『MA-Q』は、センサーを内蔵したボールです。投球データを『ブラスト』同様、Bluetooth で iPhone や iPad に送信することができます。『MA-Q』は、極端に言えば外野でキャッチボールをするような状況でも手軽にデータが録れます。ブルペンで『MA-Q』を投げれば、球速、回転数、回転軸と変化量などのデータが録れます。内野手や外野手の送球も、同様です。据え置き型の機器より手軽なうえに汎用性があるんですね」

　これまで、投手のデータは「トラックマン」「ラプソード」のような弾道測定分析機器で計測するのが普通だった。これらの機器は、ブルペンでしか使えないとか、設置費用が掛かるとか、大掛かりになった。また、一般的にはアナリストがいないと使えないことが多かった。しかし「MA-Q」は、税込3万2780円。弾道測定器は安いものでも50万円近くするから、破格の安さだ。しかもトレーニング施設以外でも気軽に使うことができる。

　ミズノはさらに、同じボールの形状をしたトレーニング用ボール「MOI-75」も開発した。

「MA－Q」（左）と「MOI-75」

「見た目は硬式球と同じですが、コアの部分の組成を代えることで、回転がかかりやすくなったボールです。しっかりと指にかからないとボールが高めに抜けやすいので、このボールで練習をすると指にかかる投げ方を習得し、回転数が向上する可能性があります。投手だけでなく、送球が不安定な野手にも使ってほしい」

こちらは税込７１５０円だ。

ミズノと言えば、グローブ、バットなど野球用品のトップメーカーという印象が強い。もちろんこうした野球用具も飛躍的に進化しているが、それだけではなく選手個々のニーズ、要望をヒヤリングして、選手の成長、進化をサポートするアイテムを次々と開発する企業に変貌しているのだ。

４－２　スポーツの「その先」を見つめるネクストベース

アメリカのスポーツメディアは、「ネクストベース」を「日本のドライブライン」と紹介する。しかし株式会社ネクストベース社長の中尾信一は、「弊社のラボの方が動作解析のシステムなどでは高度な部分もあるし、彼らがやっていない詳細な解析もやっているんですが……」と少々不満顔で言う。

「次のステージ」への模索が続く

「千葉県の佐倉高校から、立教大学の野球部に進みました。つまり長嶋茂雄さんのコースです。長嶋さんのように大学で活躍してあわよくばプロに行けたらいいなと思ったのですが、3年生の時に故障して、そこで野球人生の先が見えなくなった。次に高校野球の指導者になろうと思ったのですが、切り替えのタイミングが遅かったので教職課程を全部修了できずに卒業し、社会人になってからスクーリングや通信講座で資格を取得しました。

中尾信一

入社したのはＮＴＴです。2年間かけて教員資格を取って、さあ教員になるぞと思ったのですが、当時は今ほど教員の成り手がいない時代ではなくて、募集枠も全然ありませんでした。

ＮＴＴではＩＴ最先端の仕事を経験しました。本社ではＢＳ放送のデジタル化や次世代の金融システムなどＩＴ関連の部署に所属し、ダイナミックな仕事の面白さに魅了される日々だったのですが、気が付いたらＮＴＴに入社して11年が経っていました。

35歳になった時に「何かやるには、もう動かないと」と思い、退職。友人がＭＢＯ

（management buyout：企業の一部門が外部の出資や支援を受けて独立すること）をしたベンチャーに参画するとともに、立教新座高校でピッチングコーチも始めました。そうしながら次の道を探しました」

ＩＴと野球という二足のわらじが続く中で「次のステージ」への模索が続いた。

「ＩＴの知見があって、スポーツが分かる人って意外にいない。自分の中では点と点がつながったイメージがあって、それをビジネスにしようと。野球が、自分の強みが生かせると思い、野球からスタートして、他のスポーツにも広げられればいいという感じで会社を立ち上げました」

２０１４年に「ネクストベース」を創業したが、最初の2年半は「ネタ探し」だったという。

「周囲では結構良いサービスを開発したり、うまく技術を使って製品開発してビジネスを立ち上げた人がいたのですが、途中で力尽きるケースが多かったんです。なぜなんだろうと思って、ずっと突き詰めていきました。徐々に分かってきたのは、成功に必要なのは社会に対してインパクトがあるか、そしてビジネスとしての継続性があるか、ですね。そのあたりにポイントを置いて、最後の最後まで悩んだ挙句に辿《たど》り着いたのが『スポーツ科学』でした」

それを確信できたのは、当時、楽天イーグルスのアナリストで、国際武道大学の教員でもあった神事努の講演を聞いた時だった。

「リリースポイントが何センチずれるとこんなピッチングになるとか、数値で語り始めたんですよ。最初は『分かる訳ないだろう⁉』と思いましたが、すごく新鮮だったので、名刺交換して『さっきの話、もうちょっと聞かせてください』と食事に誘って話を聞いたのが始まりです」

中尾の野球選手としての「勘」とビジネスの「嗅覚」が、神事の話に敏感に反応したのだ。

「神事は、『分かるのはリリースポイントだけじゃないですよ。ボールの回転数、回転軸、角度も全部分かりますよ』と言った。しかも球種別のデータも取れると。僕は投手出身だったので、そこまでのことが分かったらバッターを打ち取るのがだいぶ楽になると思って、そこから『一緒に事業をしよう』って1年間口説きました」

当時の神事は日本に初めて持ち込まれた「トラックマン」の分析者として楽天に招聘

されていた。

「神事はバイオメカニクスで博士号を取って、ボールの回転数とか、回転軸にも注目して研究をしていた。でも研究者は論文を書いて終わってしまうんです。動作解析の評価をして、打たれたか抑えたかは関係がない。それでも、この研究はいずれは、実際の現場に繋がっていくだろう。でも専門家が、全部解析して野球界やスポーツ界に知らしめるのに何年かかるだろう、と考えた。普通にやったら何十年もかかるから、そこに僕が入ることで少しでも時間を短縮させて、スポーツ界の発展に貢献したいと思ったんです」

当時のバイオメカニクスは、学問/研究であって、スポーツの現場には十分に落とし込めていなかったのだ。

「研究成果はたくさんあるけど、論文が堅苦しい言葉で書いてあったり、英語だったり、現場の人からするとよく分からない状態でした。でも神事はその当時から、講演でも分かりやすく話していましたし、私などが分からないながらも質問をすると、明確な回答を返していた。

彼のような人材がいるのだから、これは学問研究だけじゃなくて現場に落とさなければばダメだと。大学の先生は研究論文を発表すればそれでいいかもしれないけれど、それを現場で頑張ってるプロやアマの野球界に落とし込んで、影響力を広げていかなければダメだ、みたいなことを1年間ずっと話していました」

最初の契約は巨人

こういう形で、ネクストベースは神事努という専門家、研究者を上席研究員に招いてビジネスモデルを確立させ、事業をスタートさせた。

「当初は、やっぱり広くいろいろな人にシステムを使ってもらいたいという気持ちが強かったのですが『最初からアマチュアのエンドユーザーにアプローチするとたぶん失敗するよ』と言ってくださったアドバイザーがいて、最初からプロ野球チームに提案することにしました。

プロ野球にアプローチするというのは難易度が高い反面、B2C（一般顧客相手のビジネス）ではなくB2B（企業相手のビジネス）なので最初から大きくて長期的な契約ができるのと、成果が出れば知名度が上がることがメリットと認識していました。『あの球団もやっているよ』という形のプロモーション効果とかも狙えるわけです。またプロ野球チームを顧客にすれば、日本で最高レベルの選手のデータを入手できる。だからそこで結果を残して、シャワー効果で社会人、大学、高校、中学と広げていこうと思ったんです」

中尾と神事は半年でトラッキングデータの分析システムを作って読売ジャイアンツと契約した。

「導入当初は、データの見方、データの使い方が分からない状態から入るので、1年目はまずデータを録りましょう、2年目にデータの使い方を知りましょう、3年目に実践しましょうというプランで提案して採用されました」

同様に、中日ドラゴンズ、阪神タイガースとも契約した。

「中日ドラゴンズは僕たちに『球団の文化として残したい』と言いました。監督や選手は移り変わっていくけど、データを活用するマインドは、球団に残るようにしたい。だからスタッフに教えて欲しいと。あまり知られていませんが、今では中日ドラゴンズが最も高いレベルでデータ解析や動作解析をしているチームだと確信しています」

「NEXT BASE ATHLETES LAB」から広がる可能性

2022年8月、民間企業としては日本初のアスリートの成長を支援するスポーツ科

「NEXT BASE ATHLETES LAB」（株式会社ネクストベース提供）

学R&Dセンター「NEXT BASE ATHLETES LAB（ネクストベース・アスリートラボ）」を千葉県市川市に開設した。以後は、契約する球団とは別に、個人で費用を払ってネクストベースで測定やトレーニングをする選手も受け入れた。また、中尾の念願通り、大学以下のアマチュア選手もやってくるようになった。

「2022年の11月にプロ選手を受け入れてから1年ちょっとで100人以上の選手が来てくれました。前年オフから引き続いて来てくれている選手も多数います。

　当初から西武の平良海馬投手に活用してもらっています。また他球団の若手投手もやってきました。ある選手は来た当初はまだ活躍していなかったのですが、データを測定すると『えっ?』という顔をして、徐々に腹落ちしていって、一気に伸びていき2023年は見違えるような活躍をしました。プロ野球選手の場合、成果がはっきり目に見える形で出てくるのがいいですね。また、ここを利用している投手からの口コミで、チームメイトの投手がやってくることもあります。そういう形で広がることが多いです。

これまで経験と勘を共有しながら指導していた、というスタンスから、この数年で選手のデータがかなり詳細に測定できるようになった。データをもとにアドバイスをした方が選手が納得しやすいし、学校のテストじゃないけど自分がどのくらい点数が取れているか、点数を上げるために何をしなければならないかが明確になれば、頑張れるじゃないですか。

自分が好きな野球について、データで自分を客観視できるわけです。これから何をどうやるべきかチャレンジして、いっぱい失敗して、次はこうしてみようと頑張る。好循環のスパイラルを作っていくことができるわけです。教育的な意義もあると思いますね」

アマチュア選手にも先進的な指導

ネクストベースでは、アマチュア選手に対するプログラムをプロとは別個に組んでいる。

「プロのデータを活用するにしても、フィジカル的な部分も、スキル面もアマとは全然違います。だから、それぞれの世代で無理なくできるレベルを我々は目指しています。怪我なく、その世代世代で、効率的に成長できることを意識しながらやっています。

ラボでは必ず最初にアセスメント（基本的な身体能力や投球・打撃の状態把握）を実施してもらいます。それだけで終わる人もいますが、2023年だけで1000人を超すアマチュア選手が来ました。定期的にトレーニングしている人はかなり増えてきています。

投手向けのアセスメントを受けた後には、それぞれの課題に合わせてピッチデザインやバイオメカニクスを実施してもらいます。そしてアナリストなど専門家のアドバイスに従って、その後にトレーニングなどに取り組んでもらう流れになります。

このような経験をした選手たちが、高校、大学に行って、プロに行って、そしてメジャーに行くとなれば、いずれは最初から抵抗感なしに今のMLBのアナリストが言っていることが全部分かるような選手が出てくる可能性もありますね」

お金が回る仕組みがない

ただ、ネクストベースは民間企業であり、この施設で測定をして、アドバイスを受けるのは有償だ。最先端の研究結果をフィードバックしているから、決して安くはない。

「お金の流れもちゃんと作る必要があると思います。アマチュア野球ではボランティアで親御さんや監督、コーチなどの方々が頑張って支えているという反面、この施設のようにお金を払って効率的にトレーニングさせているところもある。

アメリカでは、ＭＬＢの恩恵をアマチュアも受けて、お金がぐるっと回る仕組みができているんですね。でも、日本ではプロはプロでほとんど止まっていて、なかなかアマチュアにはお金が回ってこない。

そういう仕組みは、サッカー界にはある。例えばすごい才能のある子供がいて、順調に高校や大学、そしてプロ選手になると、その選手の移籍金などの一部がそれまで所属したすべてのチームに分配される仕組みがあります。プロスポーツ選手が支払う税金がスポーツに限定されて活用される国もあります」

アメリカでは青少年の投球数、投球間隔を年代別に規定した「ピッチスマート」というルールがあり、すべてのアマチュア野球に導入されている。これは過去20年以上の広範な調査、研究を背景に決められたが、こうした専門的な調査の費用はＭＬＢ機構が支援してきた。ＭＬＢは次世代の野球選手の育成に、主体的に関与しているのだ。

ネクストベースのような、現在だけでなく未来の選手を育てる施設に対しては、NPBや日本のスポーツ行政が支援をするなど、積極的にかかわるべきだと痛感する。その部分で、日本の野球界は本当に遅れていると言わざるを得ない。

4-3 「球都桐生」から始まる新たな潮流

2024年3月2日、群馬県桐生市に「球都桐生野球ラボ」が誕生した。

桐生市は、桐生高校、全桐生を高校野球、社会人野球の強豪にした名将稲川東一郎(1905~1967)以来、野球が盛んな「球都」として知られていたが、この「球都桐生野球ラボ」は「球都桐生」再生の拠点として誕生したのだ。

スポーツビジネスのトップランナーが設立推進

この施設の設立を推進した荒木重雄は、千葉ロッテマリーンズの執行役員・事業本部長として、球団を本拠地千葉マリンスタジアム(現ZOZOマリンスタジアム)の「指定管理者」にするなど経営改革を推進。その後、他の5球団と連携してリーグ共同でマーケティングを行う「PLM（パシフィック・リーグ・マーケティング）」の設立にも参加する。

さらに「侍ジャパン」の運営会社である「NPBエンタープライズ」に執行役員・事業担当として参画し、侍ジャパンの「常設化」、そしてU－12の子供から高校、大学、女子野球、さらにはトッププロまでが同じユニフォームでプレーする「侍ジャパン」事業の実現に貢献した。

退任後はスポーツに関する様々な事業のコンセプトワーク、立ち上げ、運営、マーケティングなどをワンストップで提供する、スポーツに特化したマーケティング会社である株式会社スポーツマーケティングラボラトリー（通称 SPOLABo）を設立。今度は外部からスポーツの改革を目指した。

その傍ら、2022年に故郷の桐生市で株式会社ノッティングヒルを設立。桐生市との公民連携事業として立ち上げた「球都桐生プロジェクト」の一環で2023年8月には「東京六大学オールスターゲーム」を行うなど「球都桐生」の再生に取り組んできた。

「球都桐生野球ラボ」は、荒木の母校である桐生南高校の廃校跡に設立。桐生市の青少年から大人までが、科学的データに基づいたトレーニングができる施設だ。旧体育館には、ブルペンが設けられ、弾道測定器「ラプソード」や、打球のデータを計測できる

「ブラスト」も設置された。

本書でこれまで見てきたように「ラプソード」も「ブラスト」も、野球のトレーニング施設では今や「標準装備」ではある。ただし使えるのはプロ野球選手や、施設と契約した選手だけ。当然、費用は高額だ。しかし「球都桐生野球ラボ」では、桐生市の助成もあって、安価で誰でもこうした機器が使える。

さらに、施設には体成分分析と栄養評価ができる「InBody」、ワイヤレス計測デバイスを活用したスプリント／反応測定器「WITTY」、センサー内蔵のマットを使用した跳躍力測定器「ジャンプマット」などが設置されている。またデータの見方やトレーニング法をアドバイスする大学の専門家とも連携した。

荒木重雄

荒木は語る。
「今のトレーニング施設（ラボ）の多くは、ハイレベルのアスリートのみを対象にしていますが、この施設では野球を含むオールスポーツを楽しむ老若男女が対象です。この施設で、野球少年たちはフィジカル測定とパフォーマンス測定を繰り返すことで、データで確かめながら、能力アップすることができます」

早くも、これらの機器を利用するために、指導者に引率され、チーム単位で子供たちが施設を訪れていた。

こうした最先端の計測機器をトップアスリートだけではなく、ごく一般的な野球少年や、草野球に興じる野球愛好家が利用できることで、これまでの野球に対する価値観が大きく変わる可能性がある。野球を科学的、かつ客観的にとらえ、理解することで、「日本野球」が、裾野のレベルから変わっていくかもしれない。それが「野球離れ」の抑止になっていく可能性もあろう。

第5章　アマ球界のイノベーション

圧倒的に資金力に乏しく、スタッフなどの体制も小規模なアマ野球では、データ化はプロ野球に比べれば、大きく遅れている。しかし、高校では私学を中心に、弾道測定器「ラプソード」を導入したり、先乗りスコアラー的な活動を通して、セイバーメトリクスの勉強を始めたりしている。何より大きいのは近年、野球を「精神論」「根性論」ではなく、統計学や生体力学など「データ」「科学」で見る姿勢を身に付けた若者が増えていることだ。

ここでは、2023年夏の甲子園優勝校の慶應義塾高校でのデータ活用の実態、そして日本野球学会（旧日本野球科学研究会）での高校生たちの「データ野球」の研究発表、さらにはアナリストとして活躍する大学院生、大学生の取り組みについて紹介する。

5－1　慶應義塾高校　優勝を支えたデータ戦略

2023年、全国高校野球選手権大会（夏の甲子園）で107年ぶりに優勝した慶應義塾高校は「エンジョイベースボール」を掲げ、選手の自主性を重んじたトレーニングや積極的な試合運びで注目を集めた。その裏には「学生コーチ」「データチーフ」など、慶應義塾高校独特のサポート体制があった。彼らは選手の技術指導や、精神面でのサポートだけでなく、アナリスト的な役割も果たした。彼らの声を聞いていこう。

なお慶應義塾高校では、伝統的に森林貴彦監督など指導者を「○○さん」と呼称するので、ここでもそのまま表記した（肩書は取材当時のもの）。

①捕手の急成長にやりがいを感じた　大谷航毅

慶應義塾大学商学部3年の大谷航毅は、慶應義塾高校では3年生まで選手として活躍。大学進学後は「学生コーチ」になった。学生コーチは、慶應義塾大学野球部には入らず、コーチとして母校の慶應義塾高校のサポートに専念する。

「高校では捕手でした。学生コーチとしても捕手の技術指導がメインになっています。それに付随する形で、インサイドワークを一緒に考えています。ストップの動作一つとってもかなり細分化して教えていますし、キャッチング、フレーミングもしっかりやっています。握り替えやスローイングも一緒に考えます。

慶應義塾高校では一世代4人くらいの捕手がいます。僕が高校の現役時代から数えると十二、三人の捕手を見てきたので、そうした経験にも基づいていますが、同時に、動画なども見て、自分のイメージしているものと実際の動きの認識の違いみたいなところを調整しています。そして、それをいかに試合で実践できるかを大事にしています」

ＭＬＢではデータ野球の進展以降、捕手の「フレーミング」が試合の勝敗を分ける重要なファクターになりつつある。

「フレーミングに関しては、常にボールに対して同じアプローチをしなさい、と捕手に言っています。根本的な考え方として、『ストライク／ボールはキャッチャーが決めるものではない』というマインドセットは捕手全員がもっています。常に同じ動きをすることが結構ポイントですね。その中で自分がストライクと思ってもらえるように最大限の努力をしなさいというふうに教えています」

配球はバッテリーの問題だが、捕手サイドではどのような指導をしているのか？

「すべての配球をシステマチックに構築するのは難しかったので、その世代の正捕手を対象として、常にマンツーマンでフィードバックを繰り返して、本人にも自分の意見を話させて一緒に配球を組み立てました。練習試合を終えてバッテリーが帰ってきたら、ベンチの裏でスコアブックを見て摺り合わせるような形で、配球を考えました。

プロ野球と違って、高校野球は一発勝負なので、データもそんなに蓄積できません。バッテリーが自分たち主体で配球の組み立てができるように指導するのが、大事だと思います」

夏の大会が始まってからは、大谷は相手チームの先乗りスコアラー的な業務に専念した。

「偵察班として相手打者の動きを追いかけていました。打者一人一人の得意、不得意などのコース、球種を分析して、1巡目はこういう道筋で行けば大丈夫だろう、とか話し合っていました。引退した3年生たちも各球場に散らばって映像素材を集めてくれました。やっぱり一人じゃ追い切れないので、みんなで集めた素材を僕が見て、ゲームメイクの形にしていくような作業をしていました」

森林監督は、学生コーチと選手のやりとりに口をはさむことはほとんどないという。信頼関係がある中で、こうした「情報戦略」も構築されたのだ。

「甲子園の優勝捕手になった渡辺憩君は、入ってきたときは頼りなくて、試合の度にイニング間にベンチ裏に引っ張って行って、配球とかいちいち教えていました。最初のうちは配球もあまり覚えていなかったのが、あそこまで成長したのは本当にびっくりで、森林さんからも『よくやった』と言われました。本当にやりがいを感じましたね」

②とにかくフィジカル的に負けないこと　斎藤俊

斎藤俊は慶應義塾大学法学部政治学科の4年生。慶應義塾高校時代はレギュラーの外野手だったが、甲子園には出場していない。大学に進んで後輩を指導する学生コーチの道を選んだ。

「自分自身が夏の神奈川県大会で全く結果が出なかった。また、肘を痛めていたので、大学4年間、プレーするのは断念し、学生コーチになりました。

打撃コーチとしてバッティングのアドバイスをしました。また大会期間中は、相手投手の偵察をして、監督、コーチを含めて攻略法や戦略を立てていました。あとはチーム全体の選手のコミュニケーションを考えていました。大学生なので、監督や部長よりは選手と距離が近いので、親身になって相談に乗っていました」

どういう打撃指導をしていたのか？

「僕のモットーは、打撃の動作をシンプルにして確率を高めるということですね。その中で一番大切にしてきたのはフィジカル強化です。これまでフィジカルの強化は、どのコーチもやっていなかったので、それをバッティングのセクションに組み込んだ。まずは体を大きくして、バッティングのフォーム以前に、ポテンシャルを高めると。甲子園に出てもフィジカル的には負けないということを目指しました。

体を大きくするうえで重要なのは、ウェイトトレーニング、食事、休息の3本柱ですね。学校に『InBody』という体成分測定装置があって、脂肪体重とか筋肉量なども全部データで出るので、体重をこの期間までにだいたいこのくらい増やそうとか、一人一人目標を設定していました」

ちなみに2023年の夏の甲子園に出場した49校の中で、慶應義塾高校の平均値は身長、体重とも上から二番目だった。

一番変わったのは、慶應義塾大学体育研究所の教授の力を借りて、ウェイトトレーニングのプログラムを組んだことだという。

「それまではチーム全体で同じトレーニングメニューをやっていたんですが、一人一人の選手に合わせたトレーニングをしました。あとは数値を定期的に管理して、大会期間中も含めて、この日はトレーニングをやめておこうとか、もうちょっと強度を上げようとか、やっていました」

「フライボール革命」の進展に伴って、MLBの選手はトレーニングで身体を大きくしたが、慶應義塾高校も同じ取り組みをしていたのだ。

「僕は基本的に長打が試合を決めると思っていたので、ゴロを転がせとは絶対に言わなかったですね。打ち上げろ、じゃないけど振り抜け、フルスイングしろ。とにかくハードヒットしろと。変な予備動作を入れなくてもシンプルに打てば、金属バットだからボールが飛ぶよ、と。もちろん、ケースバッティングというか走者を進めるバッティングもチームの全体練習のときにはしましたが、個人練習のときはとにかくポテンシャルを伸ばすとか、飛距離を伸ばすとか、ホームランを打てるようになることを目指しました」

慶應義塾高校が優勝したのは、前年までと何が違ったと思うか？

「技術もメンタルも両方あったと思うけど、明確な勝因は多分ないと思います。そういうのがないから、高校野球は面白いんですね。ただ、先ほども挙げたフィジカル強化というのは打者だけでなく、投手の球速アップとか、チーム全体の選手のポテンシャルアップにつながったと思います。それから森林さんが神奈川県大会の段階から、選手が燃え尽きないように考えてコンディションを整えていたのも良かったと思います。

そしてなにより、メンタルに関しては2023年のチームが、3年生を中心に『本当にいいやつが多かった』のが大きいんじゃないでしょうか」

③「傾向」を語りすぎないことが大事　荘司有輝

荘司有輝は、慶應義塾高校3年生。野球部に所属し、データチーフとして選手たちをサポートした。

「中学で慶應義塾普通部の野球部に入りました。選手時代からデータには興味があったのですが、高校1年生の秋頃に『データチーフやりたい人』って募集があって、それに立候補したんです。

夏の大会では、主に相手チームの投手の分析がメインでした。ベンチに入れなかった

3年生がみんなで協力してやるという形でしたが、相手の映像は『バーチャル高校野球』とかたくさんあるので、それを分析していました。

相手チームが決まったら、投げてくる可能性のある投手の映像を見て、カウント別に何を投げてくるか、とか、ケースごとの配球を導きだすとか、右打者、左打者の違いなどのデータをまとめていました。それを学生コーチが選手に説明していました」

データはどのように記録したか？

「専用のシートがあるので、そこに書き込んでいく形です。自分自身のデータが、チームの勝利に貢献したという認識はあまりないのですが、調査をするときに無理に『傾向』を出そうとしないようにしようと思っていました。自分がそういう傾向だと思い込んでしまって、それを伝えて、それが全然違ったら、チームに悪い影響を与えますから。プロ野球と違ってデータが有り余っているわけではないし、高校生は短い時間で成長して、以前見たのとは全く違うピッチャーになることもあるので」

学生コーチからアドバイスはあったのか？

「神奈川県の大会では、直接試合を見に行って投手のデータを記録することができますが、全国大会となるとあくまで映像しかないので、球種とかもわかりにくいんです。そこは経験のある学生コーチと相談しながら記録していました」

慶應義塾高校には、弾道測定器の「ラプソード」が設置されている。

「機器の調子が良くないときもあるのですが、使えるときは使って、投手に回転数や変化量などのデータを伝えたりしています。でも選手は試合で集中してもらうのが一番なので、必要最低限の情報を伝えるようにしています」

結局、データを選手に伝えるためには、説明能力が大事なのか？

「確かにそうです。思っていることが伝わらなかったら、無駄になるか、むしろマイナスになってしまうので、伝えるって大事なことだと思います。

今回の優勝にデータ面で貢献できたことで、うちの両親も喜んでくれました。選手だけではなく、いろんな指導で貢献してくださった学生コーチには、もう感謝しかないです。自分自身としては、3年生で優勝できたので、最高の高校生活だったと思っています」

データ分析は、チームに貢献する新しい形

慶應義塾高校監督の森林貴彦も、慶應義塾大学に進学後は、学生コーチとして母校慶

應義塾高校の指導をした経験を有している。特にデータ面で、学生コーチについてどういう認識を持っているのか？

「昨今は、相手チームの分析が動画などでだいぶ見やすくなったので、データの分析はやろうと思えばいろいろやれるのですが、そこに掛ける人手とか、担当者の能力などで各チームの分析能力にはかなり差が出るんですね。

うちの場合は学生コーチが数多く関わっていますし、ベンチに入らない3年生も夏前にはデータの方に回ってくれるので、人的資源はある程度恵まれている方だと思います。

慶應義塾高校野球部森林貴彦監督

彼らが相手チームの分析という任務に対して、モチベーションを高く持ってやってくれていれば嬉しいですし、その一つの結果が今回の夏だと思うので、これにまた次のコーチや、3年生スタッフが続いてくれればいいと思います」

これも慶應義塾高校の野球部としてゲームに貢献する一つの形だということか？

「そうですね。データ分析は、チームに貢献する新しい形だと思います。プレーするだけが貢献ではないので。ただ、これは未開発の分野というか、まだまだ突き詰められる分野だと思うんで、より進化して、相手の分析や自チームの分析も含めて、やれることはいっぱいあるはずなので、チームとしてはこの分野も模索していきたいなと思っています」

慶應義塾高校は「ラプソード」をどのように使っているのだろうか？

「その点は他のチームに比べると進んでいるとは思いますが、選手のデータの収集は専門の施設に行ってもできます。問題は、収集したデータを分析して、自分たちのパフォーマンスをどう向上させていくかですね。『ラプソード』でたくさんの情報が録れるのはいいですが、それを選手にどう生かすかはまた別の問題で、情報量が大きければ大きいほど良いというわけでもありません。いかに絞り込むかが大事です。その部分に関してはまだ未開発の部分が大きいですね。

うちとしては新しいことに挑戦して開拓していきたいと思っているので、データ野球に関するアプローチはこれからも続けていきたいですね」

5-2　学会で研究発表する高校生たち

日本野球学会（2022年度までは日本野球科学研究会）の研究大会は、日本の野球に関する研究者や、プロ、アマの指導者、研究者が集まって、研究発表やシンポジウムなどを行う催しだ。この研究大会には、メイン会場を使った研究発表のほか一般研究発表（通称ポスター発表）と称し、企業、大学などの研究者が1テーマについて行う研究発表もある。発表は模造紙1枚サイズに書き込まれ、研究大会の会場に掲示される。

日本野球学会には、各大学の研究者、プロ野球の監督、コーチ、アナリストやスポーツメーカーの開発者などが多数来場するので、1枚のポスター発表でも、内容が充実していれば大きな注目を集める。発表の内容は、野球の統計データから、バイオメカニクス的な研究、指導法、野球を取り巻く社会環境の問題まで多岐にわたるが、近年、この「ポスター発表」で、高校生たちの発表が目を引くようになっている。

多岐にわたる2023年のポスター発表

2023年は、9校18本もの発表があった。そのいくつかを紹介する。

・倉敷翠松高校「変化球の球速と被打率の関係について」
変化球の方がストレートよりも被打率が低いと感じられるが、ここでは球速に焦点を当ててデータを録って分析した。

・広島県立祇園北高校、武田高校、加治佐平（東洋大学）「メンタルを科学する：試合に臨むための本当の準備」
東京大学野球部出身で、東洋大学准教授の加治佐平氏の指導の下、祇園北高、武田高で、血糖値から「緊張と興奮」の指標であるアドレナリンのモニタリングを実施した。

・岐阜県立大垣北高校「バスターの用いられ方の検討：一般的な打法と比較して」
バスターを行うとスイングや打球にどのような特徴が生じるかを調べるためミズノの「ブラスト」を用いて計測。バスターがどのような場面、目的で用いられるべきかを検証した。

・山形県立山形東高校「高校野球におけるデータ収集とその活用事例」

日本野球学会第1回研究大会（2023年）で奨励賞を受賞した立花学園高校

「配球とコンタクト」「各選手の打撃傾向の変化」「投手が投じる球の特徴と傾向」について、「ブラスト」や「ラプソード」なども使って探究を行った。

・鳥取県立米子東高校「サウナには心理的競技能力を向上させる効果があるのか」

　前年はサウナの身体的な疲労回復効果と主観的な体調の変化について発表したが、今回は心理的競技能力（メンタルの強さ）との関連について考察した。

・神奈川県立多摩高校「野球人口拡大に向けて、高校球児ができることは何か」

　野球というスポーツを継続するうえでは独自の懸念があるとの仮説に立ち、野球をしている子供に対しアンケートを実施、野球人口の拡大には何が必要かを考察した。

・立花学園高校「高校野球のマネージャーの仕事の現状とこれからの課題」

　高校野球のマネージャーは、自分たちの仕事はスコアラーやアナウンス、ボール渡しなどといった固定観念を持って入部するが、大学などにアンケートを実施し、業務の可能性を広げることについて考察した。この研究が日本野球学会奨励賞を受賞した。

・東邦高校「高校野球3年生における夏の県大会後の体型変化の年度別比較」

前年、高校3年引退時に運動量が極端に減り、大学進学を考えて練習習慣の改善が必要だという発表をしたが、今回は具体的なプログラムを考え、これを実施した。

・山梨県立甲府西高校「野球人口の減少と普及・発展に向けた取り組み」

野球競技人口の減少を食い止めるために、小学生の野球活動に着目し、現状把握をした。また山梨県内で行われている普及活動も紹介した。

MLB公式サイトが発表する「スタットキャスト」の集計を行う研究あり、「ブラスト」や「ラプソード」などのプロ野球でも使用する計測機器を使った研究あり、また野球を中心とする社会課題に関する考察あり、今の高校生のレベルの高さを実感する。

こういう形で研究発表が質、量ともに充実したものになれば、競技だけでなくデータを含めた「野球学」に関する「知の甲子園」も実現するのではないかと思われる。旧弊な指導者よりもはるかに先を行く、頼もしい高校生たちに期待したい。

5-3 ドラ1候補? 大学院アナリストが目指すもの

大学野球のデータ化は、まだ緒に就いたばかりという印象だ。神宮球場には「トラックマン」が設置され、東京六大学のチームはデータを入手して分析をすることができる。各大学には「アナライザー」「アナリスト」がいるが、大学によって状況は異なっている。この分野では、東京大学、京都大学、筑波大学など国立大学の方が進んでいる部分もある。

関西学生野球連盟は、東京に比べればデータ化はかなり遅れている印象だ。この加盟校である立命館大学では、田原鷹優《けいゆう》という一人の野球部員がデータ部門を創設して、活動を始めたばかりだ。

競技を断念してアナリストの道へ

田原鷹優は、埼玉県の開智未来高校時代に硬式野球を志し、自ら硬式野球部を創部。立命館大学に入学し、大学野球を始めるも腰椎分離症を発症した。

「大学の1回生の時でした。3～4か月くらいリハビリをしたのですが、治らなかった。僕は一般入試を経て野球部に入ったのですが、野球ができないなら他の分野で貢献したいという思いで、アナリストになることを志したんです」

ほんの数年前だが、アナリストに関する情報はほとんどなかった。しかし色々調べていくうちに、伝手《つて》があってプロ野球のアナリストなどとも面識ができ、話を聞きに行った。そして「トラックマン」野球部門責任者の星川太輔と知り合って、スタジアムでの機器の操作のアルバイトなども経験した。

田原鷹優

「もともと勉強が好きでしたし、それが大好きな野球ならなおさらでした。そして野球部でアナリストになろうと思いました」

野球に関するデータや機器の操作なども勉強したが、それ以上に苦労したのが、選手や監督とのコミュニケーションだった。

「立命館大学の野球部は、出場予定のない選手がスコアをつけている程度で、ほとんどデータを録っていなかった。高校の野球部とそれほど変わりませんでした。だから最初のうちは『こういうデータがあるよ』と言っても聞いてくれなかった。監督もコーチも、今までデータなしでやってきたので『そんなもの信頼できるか』みたいな空気でした」

まずはデータを集計して、試合数、打席数、打数、投球回数などの数字を出し、さらにはセイバーメトリクス的なデータも出してみた。

「そうすると選手の起用法や作戦と実際のデータが合わないようなことが出てきました。ミーティングで話をさせてもらう機会を貰ったのですが、最初は誰一人納得していない感じでした。でもそこから始めて、例えばＯＰＳ（打者の指標、長打率＋出塁率）は、こういう数字で、プロ野球選手で言うとこういう選手に当てはまります、みたいな話をして、少しずつ理解してもらうようにしました。最初のうちはそれでも半信半疑でしたが、実際の試合でデータで示した傾向が現れたりして、徐々に信用されるようになりました」

「データ分析班」が始動した

２回生の後半から、１学年上の学生コーチ二人と「データ分析班」としての活動を始めた。

「先乗りスコアラーとして、土曜、日曜から始まる3連戦の場合、火曜日と水曜日に次の連戦で当たるチームのデータを整理してチームで共有するミーティングをします。それに合わせて1週間、夜中1時くらいまで野球部の寮で資料を作っていました。エクセルの表にまとめていたのですが、数字だけでは伝わらないので、それを文字でも伝えるようにしました」

選手が少しずつ、田原たちのデータを参考にしはじめる。また弾道測定器「ラプソード」も導入してデータを活用するようになる。

「立命館大学のエース級の投手は、完成度が非常に高いので、データを参考にしたからといって目に見えて変わることはそれほどありませんが、そういうレベルの投手でも、この変化球が有効だろうといったアドバイスをして、その球種をたくさん投げるようになったりしました。例えばスライダーでも『ラプソード』で実際にどんな動きをしているかを理解したことで、配球が変わった投手もいます。もう少し下のレベルの投手だと、自分の投球の質がわかって、それを目的にしたトレーニングをするようになり球速が上がった投手もいます」

後藤昇監督（当時）も、理解を示すようになった。

「後藤監督も、データにはこれまであまり関わりがなかったようで、おそらく監督自身がどう扱ったらいいのかわからなかったのだと思います。でも、僕たちを信頼して、任せてくれるようになりました」

4回生になって、田原自身の認識が変わってきた。

「ここまでスコアラー的な数字やセイバーメトリクス的な数字を見てアドバイスすることが多かったのですが、そうした『数字』『結果』が出るのは、やはり体の動かし方にあると思うので、その部分をもっと勉強したいなという意識が強くなってきました。卒業論文も野球の生体工学の研究で書いたのですが、すでにそのときは、もっと勉強しないと自分の力にならないな、と思っていました」

大学院に進んでバイオメカニクスを学ぶ

田原は立命館大学の大学院に進学してバイオメカニクスについて学び始めた。

「データアナリティクスではなく、生体工学の方向に進んだのは、バイオメカニクスを研究すると統計的なデータも把握することになるので、両方網羅することが可能ではないか、と思ったんです」

大学院では、主としてバッティングについてバイオメカニクスの研究をしている。

「僕が着目しているのは、空間的に『バットとボールを正確にぶつける』ことを実現するために、関節をどのようにして動かしたらいいか、体の動きをどのように関連させていったらいいか、という研究です。関節同士の関わり合いは『関節間協調性』と言いますが、その分野の研究はあまり進んでいない状況です。自分自身の経験を現場に落とし込むのはなかなか難しいのですが、研究を進める中で読んできた論文の蓄積なども利用して、現場に落とし込もうとしています」

引き続き、大学野球部のアナリストも担当している。バイオメカニクスを学ぶことで、選手へのアドバイスは変化してきたのか？

「大学時代は、セイバーメトリクスとか『ラプソード』のデータを分析して、そのまま渡していましたが、動作解析を学んだことで、アドバイスは変わりました。ぼくは打撃データを録ることができる『ブラスト』を自分で購入して、3回生から定期的に計測していたのですが、これまではデータを録っておしまいになっていましたが、今は打撃の動きに反映したアドバイスができるようになりました。選手から動画を撮ってほしいと言われて、動画を見て意見を求められるなど、選手もより興味を持って聞いてくれるようになりました」

バイオメカニクスと言えば、投手について研究することが多いが、打撃の研究をしたのはなぜか。フライボール革命の影響はあるのだろうか?

「フライボール革命の考え方は、トラッキングデータを見て目標を設定して、その目標を達成するためにはどういうフォームで打つかということですが、体の動きに落とし込むのはまだまだ難しい部分があると思います。そのためには、スイングスピードを上げなければいけないし、芯に当てられるように、正確にインパクトしなければなりません。

インパクトの正確さとスイングスピードを上げることは、トレードオフというか、両立は難しいのですが、両方が実現できれば、間違いなくいいバッティングができるはずなので、そういう折衝点が見つかるような方向に研究がつながっていけばいいなとは思っています。

今、ピッチャーがボールを視認してから投げるまでの間、例えば始動の時間だとか、その軌道だとかもデータとして説明できるレベルまで落とし込んでいます。慶應義塾大学の加藤貴昭先生などがそういう研究をされています。僕はあくまでボールを起点として研究をする予定ですが、投手が投げてから○・何秒で打者が反応するかとか、そういう時間的なところもとらえることで、実践的な研究になっていくと思います」

２０２４年は大学院修士課程の2年目だが、そろそろ就職について考える時期だ。

「やはり一番は、データなど今まで勉強してきたことを活かして、チームの勝利のために、選手一人一人に僕の経験が活かせればいいなと思います。

もう一つは、今までやってきたことと直接関係はないんですが、今後、スポーツをする子どもたちに向けて発信したい。僕の場合、怪我で野球を断念したのですが、データを使ってスポーツを観たり分析ができたりするようになった今の時代には、スポーツが続けられなくなっても、スポーツそのものが苦手であっても、こういう形でスポーツに関わることができるよ、という一つの道しるべになれたらな、と思っています」

田原鷹優を知る球団関係者などから「彼はアナリストのドラフト1位だよ」という声も聞こえてくる。野球を知り、かつデータにも精通した優秀な若者がまた一人野球界に進もうとしている。

スポテリを開設

田原は学生アナリストのコミュニティ「スポテリ（Sports Intelligence）」を開設した。その設立趣旨はこうなっている。

「アマチュアのアナリストの中にはデータの分析方法や機器の使い方などの理解が進む場はどこにもありません。学生野球のアナリストが集まり、各チームが取得したデータの分析や活用方法などを用いてアマチュア野球界のアナリストの情報共有・意見交換をしていくコミュニティです」

スポテリは学生野球のアナリストの活躍を後押しするために下記の機会を提供する。

・各種分析機器（TrackMan, Blast Motion, Rapsodo）の活用法などの情報交換、情報提供
・トレーニングにおけるデータ活用の方法などの情報交換、情報提供
・バイオメカニクスやセイバーメトリクスに関する情報交換、情報提供
・作戦におけるデータ活用の方法などの情報交換、情報提供
・月に1回程度のアナリスト同士の交流イベント

同じ大学生、同世代で「アナリストの連帯」を推進しようとしている。広範な活躍に期待したい。

5-4　慶應義塾大学チーフアナリストの挑戦

2024年、慶應義塾体育会野球部のデータ部門を率いるチーフアナリストに文学部新4年生の福井みなみが就任した。彼女は、データ野球をどのように推進するのだろうか？

マネージャーではなくアナリストに

「大阪府立北野高校時代は野球部のマネージャーで、ジャグ（飲料）を作ったり、おにぎりを作ったり、普通のマネージャーの業務だけでした。北野高校はそれほど強くなかったけれど『21世紀枠』での甲子園出場を目指していました。でも最後の夏は2回戦に勝ったけど、3回戦で負けました」

慶應大学に進むが、野球部のマネージャーをする気はなかったという。

「最後の夏に負けて、選手のためにできたことっていうのは割と少なかったなというのが感想で、大学ではマネージャーはやらないと思っていたのですが、大学野球をしている兄から『アナリストという部門がある』と聞きました。『高校のマネージャーと違ってデータを使ってチームの勝利とか、選手の成長に直結するサポートができるよ』と言われてやろうと思いました」

福井みなみの長兄の慎平は広島の尾道高校を経て亜細亜大学でプレー、次兄の章吾は、大阪桐蔭高校の3年時には捕手、主将として春の甲子園で優勝、慶應義塾大学に進み、大学でも主将として優勝、現在は社会人のトヨタ自動車でプレーしている。錚々たる「野球一家」の末っ子なのだ。

「大阪から、慶應義塾大に行くことに親が賛成してくれたのは、次兄が4年生にいたからです。日吉での一人暮らしも、兄がいるから大丈夫だろう、と」

今、アナリストは8人。新2年生が4人、新3年生が3人、新4年生は福井ひとり。最上級生でもあるし、ここは後輩を牽引していかなければならない。

2021年の入学なので、ちょうどコロナ禍に差し掛かっていた。

「コロナの影響で、大学はほぼオンラインでの授業でした。でも、そのおかげで1年生の時はほとんど合宿所かグラウンドにいることが多く、選手と長く接することができて、かえって良かったなと思います。ただ、東京六大学は各対戦が2試合で打ち切りになっていました。観客も制限が多くて、あまり応援できない状態でした」

慶應アナリストの仕事とは？

慶應義塾大学は、弾道測定器「ラプソード」を日本で初めて使った大学だが、今は、どんな機器を扱っているのか？

「機器としては『ラプソード』とバットのグリップエンドに装着してバットスピードなどを測定する『ブラスト』の二つですが、アナリストが管理から、実際に使う際の設置、それから測定後のフィードバックまで全部行っています。あとは握力計などもあります。『ラプソード』は、練習中に使うことが多いので、そういうデータをグラフ化したり、ビジュアル化したりして選手に見せています。

また、六大学の試合を行う神宮球場には、同じ弾道測定器の『トラックマン』が設置されているので、相手チームの投手のデータをビジュアル化して、投球の特徴を伝えることもしています。ただバイオメカニクス的な領域は扱っていません。

私たちはデータの特徴について伝えるだけです。それをどう解釈して活かしていくのか、については選手にゆだねています。気になることがあれば聞いたりはしますが」

今では投球、打球のデータを録ることは誰でも簡単にできるようになった。大事なのはどんなデータ、情報を提示するかだと思うが？

「アナリストは投手担当と野手担当に分かれるのですが、できるだけデータに触れるとともに、データ関係の記事や論文、YouTubeなどもたくさん上がってきているので、グラウンドに降りていない時間は、勉強するようにしています。

グラウンドに降りている時間は、アナリストは撮影をしていることがほとんどです。私自身は投手担当ですが、投手、野手担当に分かれていても、練習中に関しては自チームの選手を均等に見る必要がありますし、コミュニケーションも大事なので、学年や担当関係なくしっかり選手を見るようにしています。

選手の中にはメジャーリーグが好きで、回転数や変化量などにもすごい関心を示す選手もいれば、全くそういうものに触れてきていない選手もいます。なので、入部してきたときに『データ講習』を行っています。選手もアナリストを最低限、理解できるという状況は作っています」

野球経験がないことが強みになる？

アナリストには、野球経験がある人と、全く野球に触れなかった人がいる。データの見方、分析の仕方は変わってくるのだろうか？

「野球経験があった場合は当然なんですけど、野球に対する実践的な知識があるので、例えば、これってどういう球種で、今の投球はどうして抜けたのかとか指摘できます。でも野球経験がない子がパッと見て『抜け球だよ』とか言われてもわからないですし、選手がどんなデータを欲しがっているかもわからない。それを知るところから始まります。経験があると『こういうデータいらない』とか取捨選択が早いですね。

私はマネージャーはしていたけど、野球経験はありません。でも兄から『野球経験がないと、主観や先入観がそもそもない、それがいいんだ』と言われました。慶應義塾大野球部って、野球がうまい人ばかり入ってきています。その選手たちに野球をかじったことがある人が、先入観をもって『こうだ』と言うより、経験がない人が、あくまで『データに則った意見だけ』をそのまま伝える方が『届き方』が違ってきていると思います。最初の頃は野球経験があれば良かったと思うことがあったのですが、今は野球経験がないことが強みではないかと思っています」

選手のデータ活用は進んでいるのか？

「まだ、データに関心を持って取り組んでいる大学野球の選手って、少数派だと思います。でも、だからこそ慶應の選手がデータを理解して練習や試合に、数値目標を持って臨んだら他の5大学に対してすごくリーチになると思います。

もちろんデータとか知識、戦略なしでいきなり打席に立つ方がいいんだという選手も、歴代のスタメンの中にはいました。でもデータがあれば目標設定ができます。それこそ（明治大学の強打者）宗山塁選手の打球速度と自分がどれだけ違うのかを知れば、すごくいい目安になると思います。もちろん学生コーチや監督、助監督からデータを見せてくれと言われて見せることもありますし、主要なデータは選手、スタッフなどのグループLINEで共有しています」

野球ではなく「慶應の野球部が好き」

実は慶應義塾大学のアナリストは、専門の仕事としては福井の1年先輩の代にスタートしたばかりだ。

「上級生はほとんどいないという状況だったのですが、今、最上級生になって思うのは、やはり1年生の頃からもっと勉強しておけば、ということですね。今は、リーグ戦直前になるとアナリストと試合に出場しない選手のデータ班が、試合に張り付いて相手チームの偵察をしていますが、ゆくゆくはアナリストがすべてできるようになるのが目標ですね。そうすれば、データ班の選手ももっと練習ができます。

福井みなみ

相手チームの偵察は、試合動画を集めて目で確認してコース別の打率とか球種の割合なども出していかなければならない。拘束時間も長いし、作業も大変です。今は野球経験が長いデータ班に頼っている部分が多いのですが、やはり強いチームになるためにも、学年問わずみんな優秀なアナリストになってもらいたいと思います」

今や、弾道測定器などの機器の操作ができて、分析データも出すことができるアナリストは、ＮＰＢ球団でも引く手あまただ。東京大学、京都大学出身のアナリストが球団の中枢で活躍する時代になっているが、将来はどういう方向を考えているのか？

「今、就活中なんですが、どんな仕事でも基本はコミュニケーションが必要です。課題を自分で見つけて、解決するための目標を数値化したり、ビジュアル化してプレゼンテーションする、というアナリストの仕事のプロセスはどんな分野でも生かされると思うんです。

私は野球が好きというより、慶應の野球部が好きで、この野球部だから、この選手たちだからやれているという部分が強いんです。今は日系のメーカーへの入社を目指していて、野球にはもう関わらないつもりです。それだけにこの一年、一生懸命頑張ってチームに貢献したいですね」

第6章　データ野球の実験場　ジャパンウィンターリーグ

ジャパンウィンターリーグ（ＪＷＬ）は、２０２２年から始まった日本初の本格的な「トライアウトリーグ」だ。11月下旬から約1か月、沖縄県で高校、大学の卒業生や、独立リーグ選手、社会人野球選手などが、チームに分かれてリーグ戦を戦う。選手は費用を支払ってリーグ戦に参加するが、リーグ戦でアピールできれば日本や海外の独立リーグ、社会人、米のマイナーリーグなどへの入団も不可能ではない。

代表の鷲崎一誠は、慶應義塾大の野球部だったが公式戦に一度も出場せず。4年生の時に、アメリカのトライアウトリーグのカリフォルニア・リーグに参加し、1か月間プレーして、大学生活の満たされない思いを解消することができたという。卒業後、ユニクロのファーストリテイリングに就職したが、カリフォルニア・リーグと同様のトライアウトリーグを設立したいという思い断ちがたく、30歳を機に退職してジャパンウィン

ジャパンウィンターリーグの試合風景

ターリーグを設立した。2年目の2023年は、日本だけでなく10か国から100人を超す選手が集まり、沖縄の温暖な環境で1か月間、リーグ戦を戦った。

　ジャパンウィンターリーグは、選手に様々な挑戦の機会を提供しているが、それだけでなく日本の最先端のデータアナリストや、米「ドライブライン」のアナリストなどが集結し、最先端の計測機器で選手のポテンシャルを計測したり、試合でのデータを動画配信で公開したりしている。国内外のプロ野球、独立リーグなどのスカウトは、現地に赴かなくても選手のポテンシャル、能力をデータとして把握することができる「リモートスカウティング」を実現した。これは、世界でも初の試みだ。

　一方で、参加する選手に対しては「ラプソード」などの計測機器の見方や、データに基づく技術向上やトレーニングの仕方などについて、アナリストが説明する座学も実施された。

ジャパンウィンターリーグは、データ野球の「実験場」でもあるのだ。その取り組みを紹介しよう。

6－1　ドライブラインのトレーナーは何を語ったのか

社会人野球の選手を中心としたアドバンス・リーグの会場となった沖縄県宜野湾市の宜野湾市民球場に隣接する室内練習場では、打球速度などを計測する「ブラスト」をバットのグリップに装着した選手たちが、バットスイングを繰り返していた。

選手は重さやバランスの異なるバットを手にしてスイングし、データを計測している。彼らにアドバイスをしているのは米シアトルのトレーニング施設「ドライブライン・ベースボール」バッティングトレーナーのダニエル・カタランだ。彼は2014年に大学を卒業し、アメリカ、ヨーロッパ、オーストラリアで野球をしたのち、ドライブラインのトレーナーになった。

バッティングには何が大事か？

その夜、ホテルの会議室で、ダニエル・カタランによる「バッティングセミナー」が開かれた。ジャパンウィンターリーグには、日本だけでなくアメリカ、ヨーロッパから多くの外国人選手が集まっている。練習上がりではあるが、彼らは疲れた顔も見せずに、熱心にセミナーに聞き入っていた。

選手たちに向けて、ダニエルは問いかけをした。

「バッティングには何が大事か？　何がいい打者を作るか？　どうやったらいい打者になれるか？」

間髪を入れず、大柄な黒人選手が発言した。

「バッターボックスに向かう前に何を打つのか、プランを持つのが大事だ。そうしてアプローチをすることだ」

別の外国人選手が言う。

「バッティングはバランスだ。そして全方向に打つのが大事だ」

日本人選手が言う。

「自分の形をしっかり作って打席に入るのが大事」

一番奥の席から、こんな声が飛んだ。

「白い球を打つ！」

場内が沸いた。声の主は平野恵一。オリックス、阪神で内野手として活躍。今は台湾、中信兄弟のスカウトとして選手を見に来ている（その後、監督就任が発表される）。

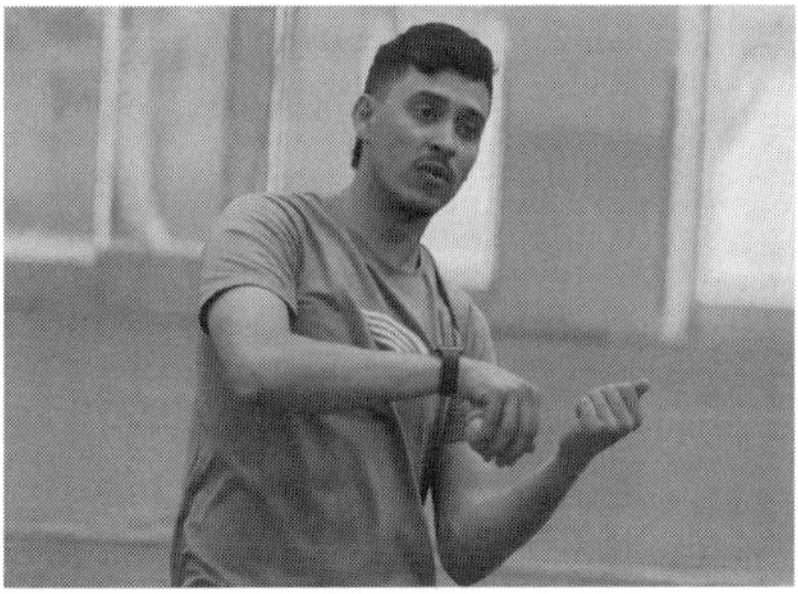
打撃指導をするダニエル・カタラン

ダニエルは会場の発言を受けて話を続けた。
「オーケー、3人は身体について、バランスとか意識とかについて話してくれたが、平野サンは身体以外のことについて話してくれた。
身体のことは確かに大事だ。でもみんな身長や体重、体つき、骨格が違う。もっとシンプルに考えないといけない。平野サンが言ったように、バッティングはすごくシンプルだ。
大谷翔平、アクーニャ・Jr.、メジャーにはいい打者はたくさんいるが、体格はみんな違っている。でも共通しているのは『強くボールを打つ』ということ。そして、その同じことを一貫してできるか、ということだ」

「さらに言えば……」ダニエルは選手たちの顔を見た。

「勝算、勝機のあるところで戦っているか？　例えばプロ野球に行って、人工芝でゴロを打ったら、大体アウトになる。ゴロを打つというバッティングには勝機はない。また90ｍのフライをセンター正面に打ってもアウトになる。

でももし、同じフライをライトやレフト方向に打ったら外野手の頭を越えて二塁打になるかもしれない。90ｍしか打てないなら、センター正面ではなく、ライト、レフト方向に打つとか、打球速度がないなら打球角度を上げてみるとか、とにかく自分の勝機のあるところで戦うことが大事だ」

フライボール革命の核心とは

さらにダニエルは、いわゆる「フライボール革命」に関する理論を説明する。

「打球角度がおよそ10度から30度がスイートスポットで、ここに打ち込むことが大事だ。そこに打ち込むことで外野の頭を越えたり、率を残せるということがデータ上、分かっている。さっき説明したように90ｍをセンターに打つのかライトに打つのかでアウトなのか（外野手の上を）オーバーするかが違ってくる。

引っ張り方向だとだいたい10度から25度くらいの間にバーンと打ち込んでいくといい確率で結果を残せる。これを達成するためにどうやっていくか？

強く打球を打てて率も残せて、勝算のあるところで戦うために、何をしていくのか？」

再びダニエルは選手たちに問いかけた。今度は口々に声が上がった。

「マインドセットをして練習すること」

「自分の打席のことを理解する」

「練習の中で何が良かったか悪かったかを振り返って、良かったことはリピートする」

「プランを持って打席に入る」

「自分の特性を知る」

「強くなる」

「必要な技術を身に付ける」

バットスピード、これに尽きる

一通り意見が出た後、ダニエルは言った。

「具体的に、簡単に説明する。どうやったらボールを強く打てるか？　バットスピード、これに尽きる。君たちはさっき『ブラスト』で計測をした。ここで出てくるのはバットの芯の加速度の数字だ。バットの芯の加速度を大きくすることが、ボールを強く打つことにつながっていく。

単純な話だ。物理の法則で、バットスピードが大事だ。筋肉量が足りなかったり、打席に対するアプローチがよくなくても、それは自分たちで克服できるから、大きな問題ではないが、バットスピードがないと何も始まらない。一流のバッターと三流のバッターは何が違うかというとバットスピードだ。

2023年のメジャーリーグで、誰がバットスピードが速かったかというと、大谷翔平とアクーニャ・Jr.だ。二人はMVPに選ばれた。凄くシンプルな話だ。強い打球を打てなかったり、左中間、右中間にいい打球が打てないのは、単純にバットスピードが足りないからだ。バットスピードは、成功と凄く相関関係が高い。バットスピードが速い人が率も残せたり、成功を収めているというデータがある。

『ブラスト』のデータでいうとメジャーリーガーの計測スピードは115km/hくらいが平均だ。もし君が、ブラストで115km/hを出したら『よっしゃー！』と叫びたくなるかもしれないが、喜ぶのはまだ早い。

君たちが計測しているのがバッティング練習だということ。素早く反応しなければならない試合中に、メジャーリーガーはこの数字を叩きだしているのだ。

でも、そこからがスタートだ。ちなみに大谷翔平は 128km／h くらいの数字を出している。それくらいでバットを振れば、そんなにいいボールコンタクトでなくても、めちゃくちゃに飛ぶんだ」

ダニエルは、ここからさらに踏み込んだ話をした。

「バットスピードを上げるという前提で、次に大事なのは、コンタクトクオリティと、スイングデシジョンだ。

コンタクトクオリティは、白いボールのどこを打つかということ。スイングデシジョンは、打席に来たボールはストライクなのかボールなのか、振るのか振らないのかを決めること。さらに、ボールが曲がるから振るのか振らないのか、逃げるから振るのか振らないのか、それを瞬時に決定しなければならないということだ」

バットに装着した「ブラスト」

どんな練習をすべきか？

さらにダニエルは「練習」にも言及した。

「どうやって鍛えていくのか？　バットスピードを上げていくのか？　強く振る、爆発力、出力を上げる、筋肉をつける。そのためには、まずジムに行け！（笑）。もちろん効率よくバットを出せるほうがいいのだけど、今までのフォームを一度に変えるのは難しい。大事なのはいつでも強く振るということ。メカニクスは人によって違うが、それを意識して追究すれば、深いところまで行ける。

バットスピードが上がるということは、効率よく振れているということだ。そうなるとボールにコンタクトするクオリティも上がってくるということになる。

コンタクトクオリティの練習、つまりバットの芯でボールをとらえる練習をするときに、多くの選手は7割くらいのスピードで振ってしまうが、それはゲームではやらないスイングだ。違う技術を習得することになる。コンタクトの練習をするときでもちゃんと100％振り切ること、ハイテンションでバットを振ることが大事だ。

スイングデシジョンは練習で習得できる。バッティング練習でコーチにいろんなボールを投げてもらって判断する。一番大切なのはどのボールを打つか、何のボールを打つかプランを持って打席に行くことだ。2ストライクまではプランをちゃんと持って、どう攻めていくかを考えることだ。

そしてもっと大事なのは、常に『相手にダメージを与える』ことを考えて、強気に向かっていくことだ」

スランプになったとき、何をしていいかわからなくなったら？

「そういうときは一度基本に戻って、何がいいバッターなのかを考えよう。強く打球を打つことができる、率が残せる、そして、あとは自分の勝てるところで勝負できるかっていうことが大事だ。

何かを上手にやろうとしたときに、それをめちゃめちゃ意識するのは大事だ。しかしそれは続けてはできない。高く跳べる人は5回連続で跳べるわけではなく1回跳んだら休んで、また意識して1回跳んでいる。ハイテンションでやっていくためには連続でやることも大事だが、それよりも意識して、自分のマックスを出せる準備をすることが大事だ。

日本では、例えばバットを1000本振るような練習をすることがあるが、量をこなすことはいいけれども、バットスピードが落ちたり、スイングをし過ぎて筋肉量が落ちてしまったら、そもそも出力が減ってしまうことになるので、量をこなすことは少し考えないといけない。バットスピードが落ちたら、それは家に帰る時間です」

ダニエルはにっこり笑ってセミナーを終わりにした。これまでの打撃練習とは全く異なる理論に出会って、選手たちは一様に感嘆の表情を浮かべた。

6-2　選手はデータをどう活用すべきなのか

ジャパンウィンターリーグは、選手に試合の機会を設けるだけでなく「ステップアップ講座」と称して、アナリスト、トレーナー、指導者などが選手に向けてセミナーを行う。前項のダニエル・カタランのセミナーもその一つだが、このほかにもデータの専門家がここだけでしか聞けない有意義なセミナーを行った。

プロローグでも登場した「トラックマン」野球部門責任者の星川太輔は「選手はデータの何を見るのか？　何に役立てるのか？」を語った。

なぜデータを録るのか？

「今の野球界で生きるためには、データが重要です。でもデータだけでうまくなるわけじゃない。技術を高める練習も、体力アップのためのトレーニングももちろん必要です。でも、効率的にうまくなるためには、データを使う方がいい。『データ対感覚』という話ではなくて、データは皆さんの感覚を繊細にする、研ぎ澄ますものだと思ってほしい」

星川は話し出した。「トラックマン」の野球部門を担当する前には、スポーツデータ分析会社「データスタジアム」に約10年勤務。トップ選手がどんなデータを見ていたのか、見ていなかったのか、すごい選手はデータとどう向き合ってきたのかを見てきた。

「このジャパンウィンターリーグでは選手の様々なデータを記録し、動画と共に発信しています。なぜ、そうしているのか？　一つはスカウトの人たちに選手の実力を見てもらおう、知ってもらおうという目的。スカウトは目で見るだけで選手の優秀さはわかるけど、数字があった方がより具体的にわかる。皆さんの側から見れば、真の実力をアピールできる。特に名門高校、大学出身でない選手にも、一芸に秀でている部分をアピールさせてあげたいと思っています。もう一つは皆さん自身に、実力をちゃんと知ってもらいたい。野球は最終的には試合の優劣で決まるけど、自分ではわかっていない長所もあります。それをデータという形で知ってもらいたいんです」

どれだけ成長したかを数字で知る

「大事なのは『ビフォアー、アフター』です。ジャパンウィンターリーグの期間中に自分がどれだけ成長したかを感覚だけではなく数字で実感してもらいたいんです。それは皆さんにとっての成果ですから、リーグとしても把握したい。

このリーグでは記録したデータを隠すとか、限られた人だけに見せるとかはしません。みんなオープンにします。だから他の選手のデータを見て『すごいな』とかも思ってほしいし学んでほしい。具体的には、投手の投球は『ラプソード』、打者も『ラプソード』、スイングについてのデータは『ブラスト』で記録しています。また、配球チャートなどスコアラーの領域のデータも録っています。そういうデータを見て成長したことを知ってほしいんです」

「こうしたデータを活用するには三つの観点があります。

まず一つは『自分の現在位置を知る』ということ。どういう選手になりたいか、どのカテゴリーで勝負したいのか、を知るうえで、自分が今どこにいるのかを知ったほうが有利です。

二つ目は『自分の強みと弱みを把握する』ということ。

三つ目に『仮説検証』つまり、やろうとしていることができているのか、ということ。ビジネスの世界ではＫＰＩ（Key Performance Indicator：重要業績評価指標）という言葉があります。売り上げを上げるために必要なこと、お客の数とか、店舗数とか、ゴールを構成するための数字をチェックすることですが、皆さんのデータも、将来どんな選手を目指すかを考える上でのＫＰＩになるということですね」

「大学の研究室で、計測した選手の打球速度のデータがあります。練習で、投手が70～100km／hで投げた球を打った時の打球速度の平均です。大学生は147.4km／h、社会人が153.8km／h、プロ野球選手が158.8km／h、カテゴリーが一つ上がるたびに6km／hほど上がっています。

皆さんの打球速度はどれくらいですか？　自分の打球速度を知らないのはダメです。上を目指すのであれば、これくらいは行かないと話にならないということです。

感覚的な話をすると、平均で160km／hくらい出たらＮＰＢで10本くらいホームランが打てる。165出したら20発、170出したらホームラン王です。

MLBの平均は164km/hですが、大谷翔平選手はスタットキャストでは最高で190km/h前後の数字を出しています。はるか上にいます。打者はまず150km/hを目指してほしい」

「一つの数字を紹介します。昨シーズンの試合で、ある投手の入射角（投球が本塁に入るときのボールの角度）を計測したら3・0度近い数字だった。投手のボールはなるべくホームベースと平行に近く入ってくる方が空振りが取りやすい。入射角が小さくて平らに入ってきた方がホップする感じがするからです。

星川太輔

ロッカーに帰ってきた投手に『すごい入射角なの知ってる？』と聞いても知らなかった。そこで彼が所属する球団のコーチに『この投手の入射角はすごいから、高めの真っすぐを投げる練習をしてみたらどう？』と言いました。彼は名門校出身で、低めに投げる練習しかしていなかった。でもブルペンで高めの真っすぐの練習をして実戦で投げたら、打者がみんな空振りしていた。この練習をしてから、彼は２０２３年はシーズンだけでなくアジアプロ野球チャンピオンシップでも活躍しました。

こんな風に、プロ野球選手でも、自分のどこがすごいか知らない選手もいるんです。データを読み込むことで、自分の強み、弱み、課題を理解してそれを改善するために練習してほしい。そのための専門的なアドバイスも受けて、成長してほしいと思います」

第7章　「素人」が切り拓くデータの世界

7-1　野球アナリスト界の〝ブラック・ジャック〟お股ニキ

インターネットの普及によって多くの人、とりわけ「部外者」とされる人々が専門的な分野にも意見を言うようになったのは、大きな進歩と言える。

閉鎖的な野球の世界でも、特に「データ野球」の分野でYouTuberなど「素人」の発言が増えた。玉石混交なのは事実だが、中には専門家を凌駕するような見識を持ち、著名なプロ野球選手から信頼を勝ち得るような人も出てきた。

その代表格が、お股ニキだろう。ダルビッシュ有と知り合い、その投球に大きな影響を与えた彼は、今や「ピッチングデザイナー」として多くのプロ選手にアドバイスをするほか、アマチュア野球からの指導の依頼も多い。また、彼の運営するオンラインサロンは多くの人を集めている。無免許の天才外科医ブラック・ジャックのように、冴えた批評のメスをふるうお股ニキに話を聞いた（彼自身はYouTubeチャンネルは開設していない）。

家でつぶやき始めたのが始まり

「野球歴としては、ほぼないに等しいですね。小学生から野球を始め、中学で野球部を退部したというのは、よくネタとして言っています。野球部の先輩と揉めてすぐに退部したんですが、当時から意外とコントロールが良くて、変化球がいいからピッチャーやってくれ、と言われたりしていました。それ以降はもう、草野球をやっていた程度ですね。

大学を卒業して、一般企業で会計士として働いていたんですが、家族が病気になったり、会社を辞めたりすることがあって、しばらくニートのようになったんです。野球については大学生まではまだ熱心に見ていたけど、就職してからは久々だったんですが、その時期に、家で落ち着いて野球をずっと見ていて、いろいろ見えてきたことがあった。

僕はサッカーも好きで、同じように見ていて、ツイッター（現X）でサッカーについて語っていたんですけども、それほど反応がなかった。でも、2011年頃から野球のことをつぶやき始めてから、反応がよくなってきた。子供の頃からよく周りに野球については話を聞かれていました。

予想みたいなことをつぶやき始めて、結構的中させることが多くなったんです。黒田博樹が広島に帰ってきて、ツーシームとかすごいと言われてるけど、たぶん左バッターに打たれるよ、とか言って当てたり、来年は誰と誰がサイ・ヤング賞候補だね、とか言って的中させたりしていた。

僕は野球経験はないけど、1秒も野球をやったことがないわけじゃなくて、変化球のセンスは正直、プロ並にあるんじゃないかと思っていた。そういう感覚がもともとあったので、アメリカのサイトとかを見て勉強していくうちに、この変化球はこういう回転するんだとか、こんな変化するんだとかいう、データと感覚が繋がった感じですね。

ちょうどMLBが『PITCHf/x』を導入して、それが『スタットキャスト』へと移行するところでした。MLBのデータは公開されているので、実際の投球とリリースのスローモーションなどとデータを比べたりして、いろいろ意見を言っていました」

ダルビッシュ有が「僕もそう思います」

そういうつぶやきが、ダルビッシュ有の目に留まった。

「確か2015年の9月23日か24日くらいに『ダルビッシュってみんなすごい言ってるけど、言うほど技術はなくて、でかい体で何とかしてるピッチャーだぞ』みたいなことをつぶやいたんですよね。今思うと失礼ですが。

そしたら本人が『一言いいですか』みたいにリプライしてきて、DM（ダイレクトメッセージ）をすると別に怒っていたわけじゃなくて『体作りの大変さはわかってほしい。ただ、言っていることは正しいというか、僕もそう思います』みたいな感じで。当時、ダルビッシュ投手はトミー・ジョン手術明けで次の年から復帰の予定だったので時間もあったのでしょうが、それから5年くらい、二人であーでもない、こうでもないとやっていたんです。一時期はなんか恋人みたいに年がら年中メールを送り合っていて。

ダルビッシュ投手の投球に僕が一番影響を与えたのは、2019年、20年くらいじゃないですかね。きっかけをくれて成長させてくれた彼には感謝しています」

面白いことに、お股ニキは一度もアメリカに行ったことがないし、甲子園球場で観戦したこともないという。

「テレビ画面で見ながら、こうやって投げたらもっといい球いくのにな、なんて思っていたんです。2019年くらいにオンラインサロンを始めて、僕はそれまで『ラプソード』も見たことないし、間近で見た一番速い球が 120km/h とか 130km/h くらいだったんですが、プロの 150km/h とか 160km/h の世界を見せてもらう機会ができて、それでも僕の考えが通用するのが分かった」

ダルビッシュ有にアドバイスをしたことが明らかになって以降、プロ野球選手が直接会いに来るようになる。

「初めて直接会ったのは、千賀滉大投手だったと思います。最近は藤浪晋太郎投手も直接会いに来てくれた。

それから京都大学から阪神タイガースに入った（アナリストの）三原大知君とは、彼が灘高にいた時代からやりとりをしていました。また、オンラインサロン、出版などで出会った人の中から、プロのアナリストになる人も出てきた。DeNA やロッテにも僕の本の執筆を手伝ってくれた方が入っています」

お股ニキのビジネスモデル

お股ニキの「守備範囲」はどういう領域なのだろうか?

「正直、僕は、筑波大の大学院とかで学んだことはないし、トレーナーではないので、本当のバイオメカニクス専門家とは言えないと思うんですね。全部が中途半端と言えば中途半端だけど、逆に選手とアナリストの間を取り持つというか、そういう役割はできると思いますね。

それからやはり『投げる感覚』は、自分で持っています。最近、自分でフォームを研究して、そのやり方を子どもや選手にやってもらうと、変化球や球質だけでなく球が速くなったりするようなことは多くあるので、ピッチングの指導はできると思います。

フォームに関しては数字がどうなのかはわからないけど、球の回転は完全に数値化できるし再現できると思います。正直、そういう人はあまりいないように思います」

では、そうした指導をマネタイズすることはできているのか?

「5年くらい前までは、野球で素人が指導しちゃいけないみたいな風潮があって、僕がお金とるなんてもってのほか、みたいな感じでした。

セッションしても最初はお金はとれなかったけど、まずは1万円、1万5000円くらいから始めました。交通費も貰っていないし、自腹で来させられたのに人が指導料を徴収しているのを見て嫌な気持ちにもなっていました。ようやく、学校の野球部でセッションをするときには、1日潰すのだからこれくらいはかかります、みたいに言えるようになってきました」

プロの選手からの依頼が増えているようだが？

「若手選手なんかも来ますが、メジャーに行きたい選手から多く声がかかるような気がします。藤浪晋太郎投手は『メジャーリーグに移籍するので、そのための準備をしたいのでお願いします』みたいな感じでした。僕は練習する場所は持っていないので、ブルペンなどを借りて、そこに『ラプソード』やスマホを持ち込んでデータを録ったり、撮影したりします。何年も前からLINEなどでやり取りをしていたので、データを見ながら説明をして、実践してみる。そして帰ってからも『トラックマン』のデータを送ってもらったり、映像を送ってもらってディスカッションします。MLBは試合のデータがそのまま録れるので、それを見ながら話し合ったりしています」

日本のアナリストの問題点は何だと思うか？

「日本の場合、データを録る人、分析するアナリストはもう数字、数字ばかりで、それはすごいんですけど、プレーと本当につながっているのか、疑問に感じることが多いんですね。

あと去年（2023年）、ある球団のエース級の投手がちょっと悩んでいると、代理人を通じて紹介を受けたのが7月半ばでした。その時点で僕には『この投手が調子悪いのは、こうなっているからだ』という仮説があって、それをアドバイスしたら、そこから2試合連続で完封しました。アメリカの選手なら、ダルビッシュ選手が『お股さんにツーシーム教わった』と言いやすいのでしょうが、日本の場合、球団に気兼ねがあるのか、名前は出しにくい。MLBに移籍が決まったような選手は別ですが」

アナリストにも学閥や系統など、いろいろなグループがある。そこに属さない、全くの単独のアナリストというのは、確かに異色ではある。

「良くも悪くも異端なので、メリットもないので本名も顔も出していないんですね。

僕が昨年に指導させていただいた学校の選抜出場が決まりました。だから初めて甲子園に行こうかなと思っているんです。名前も出していませんが、最近では口コミで強豪高校からの依頼も増えてきています」

投球指導のポリシーは？

今も、テレビの動画と「スタットキャスト」を見ながらデータの分析をしているのか？

「そうですね。僕はどちらかというと映像分析が得意なのかもしれない。実際の投手の投球を球場で見るよりも、テレビで見た方が、わかりやすいので。

解説者でも『今のフォークです』とか言ってスライダーだったり、球種を間違えたりしています。そういう球種を分析するのは解説者よりも得意かもしれないですね」

自らのポリシーとして、投球指導について一番大事なものは何だと思うか？

「本人が持っている力のマックスを出させてあげたい。全員が 160km /h を投げられるわけではないですから。結局、ピッチングは自然現象だと考えています。いくら一生懸命投げようが、適当に投げようが、その軌道の球がバッターにとって打ちにくいんだったら一生打てないし、打ちやすいんだったら一生懸命投げても、結局打たれるじゃないですか。結局、そういうものだと思っています。

だから、打者にとって打ちにくい軌道のボールを本人のフォームに合うように投げられるようにするとか、今持っているものを少しアレンジするというのが僕のやり方です。

また、投球スタイルにかかわらず指導することができます。ダルビッシュ投手や千賀投手や藤浪投手などメジャーの速球派の投手から、アンダースローの投手まで指導したことがあります」

今後の展開としては、どのようなことを考えているか？

「アメリカの『ドライブライン』みたいな大掛かりな施設を作るのは難しいと思うので、せめて安い倉庫みたいなのを借りて、そこにブルペンを作って、『トラックマン』とか一通りの設備を設置するくらいのことならできるんじゃないかと思っています。

そのうえで、僕の指導を受けた選手が飛躍したときには正当な対価をもう少し得られるようなシステムができればいいのかなと思います。野球界全体としても、そのようなシステムが必要だと思います」

第二部　「数字のスポーツ」野球の歩み

数あるボールゲームの中でも野球はとりわけ、データ分野での発展が著しい。これは競技の特性に加えて「野球の数字」に限りないこだわり、愛着を抱いた多くの研究者、記録担当者、そして素人がいたからだ。

彼らの多くは「競技者」ではなかったが、野球に強い愛情を抱き、その数字を細かく記録してきた。時に競技者に疎んじられながらも営々と続いた「記録」の歴史が、野球をさらに魅力あるものにしたと言える。

第二部では、そうした歩みを辿り、近年の爆発的な「進化」の背景を探りたい。

第８章　「記録の神様」たちの時代

「数字のスポーツ」野球が、人気スポーツとして広く愛好されるについては、データにこだわり、その普及に尽力した日米の「記録の神様」たちの多年にわたる取り組みがあった。第８章では日米の「公式記録員」「スコアラー（スカウト）」の歩みについて俯瞰する。

8-1　アメリカ、公式記録の歴史

数字と相性が良いスポーツ

「野球は数字と相性が良い」

永年、野球の記録に親しんできた筆者が常々思ってきたことだ。

野球は「投手が打者と対戦する」という小さな「勝負」の積み重なりであり、「ボールが静止したところ」から始まる「セットプレー」の連続で成り立っている。「勝負」は9イニングス制の試合では、1試合で両チーム合わせて最低でも50回以上行われる。一つの「勝負」に関与するのは投手、打者、走者、野手を合わせてせいぜい数人。その時間は長くて30秒程度だ。だから記録者は、一つ一つの勝負を容易に記録することができる。筆者は小学生のころから父に教えられて野球のスコアをつけてきたが、今ではそれが自然なことになって、スコアをつけずに試合を観ると居心地が悪い。

サッカーやバスケットでは、こうはいかない。ボールが常にめまぐるしく動いているうえに、一つ一つの勝負には多くの選手が入り乱れて関与するからだ。それでも記録者がいて、スコアブックは作成されているが、チームや選手を数字で評価する指標はゴール数やアシスト数など数少ない。膨大な指標が用いられる野球とは大きく違う。

統計学者は「野球の試合は離散的であるため、統計的な分析に向いている」と言う。他の競技と異なり、一つ一つのプレーが飛び飛びになっているので、統計的な処理が容易だということだ。

「野球の記録」を発達せしめた、もう一つの理由は「リーグ戦」だ。野球は19世紀半ば、アメリカ東部のブルーカラーの間で人気となった。もともとはアマチュアの遊びだったが、次第に職業化し、プロチームが各地を転戦するようになる。その過程で各都市に強豪チームが誕生して、都市間で対抗試合を行うようになった。同じ顔触れが何度も試合をする中から「リーグ」が誕生した。そして南北戦争をきっかけとして、全米に普及した。１８７１年には今のＭＬＢの前身であるナショナル・アソシエーション（ＮＡ）が誕生し、リーグ戦を行うようになった。

リーグ戦は、加盟するチーム同士の総当たりで優劣を決めるが、試合は一か所ではなく複数の会場で並行して行われるため、それらの試合をすべて見ることはできない。チームの成績を俯瞰してみるためにはすべての試合を記録し、集計する必要が出てくる。このためチームや選手個人の「記録」は、試合のたびに統一した様式で記録され、集計されるようになったのだ。

野球記録の父、ヘンリー・チャドウィック

野球の記録法を考案し普及させたのは、ヘンリー・チャドウィック（１８２４〜１９０８）というジャーナリストだ。イギリス生まれのヘンリー・チャドウィックは、イング

ランドのエクセターで、リベラルな思想を持つジャーナリストの父ジェームズと母テレサとの間に生まれた。1837年に父ジェームズが家族を連れてアメリカに移住したのに伴いアメリカにやってきて、1847年にスポーツジャーナリストになった。

ヘンリーの異母兄にサー・エドウィン・チャドウィック（1800〜1890）がいる。エドウィンはロンドンで生活貧困者の救済や、下水道の整備などを推進し「公衆衛生法」の成立に貢献、「公衆衛生学の父」と呼ばれ英王室からナイトの称号を賜っている。エドウィンは1842年『イギリスの労働人口の衛生状態に関する報告書』を著したが、その中で、居住地の環境によって引き起こされる平均余命の変動を初めて統計情報を用いて紹介し、歴史的な評価を得た。昨今の新型コロナ禍で、イギリスのメディアは改めてエドウィン・チャドウィックの功績を取り上げている。

弟のヘンリーは、アメリカにわたって全く異なるスポーツの分野で、24歳上の兄と同じ統計学的な手法による野球の記録法を考案し「野球殿堂（Hall of Fame）」入りを果たしている。兄のエドウィンが「公衆衛生学の父」なら弟のヘンリーは「野球記録の父」と言ってよい。

ヘンリー・チャドウィックは、アメリカで最初の野球ジャーナリストと言われたウィリアム・コールドウェルに雇用され、マーキュリー紙の野球記者となる。同時に、野球規則委員会のメンバーとして野球のルール整備に尽力した。そして自身が整備したルールに則って試合結果を知らしめるために記録法を整備したのだ。

ボックススコアの発明

チャドウィックの最大の発明は、1863年に考案した「ボックススコア」だとされる。これは、試合ごとの選手成績をコンパクトに集計したもので、ボックス型にまとまっているのでボックススコアと呼ばれるようになった。ボックススコアは今では、野球だけでなくサッカーやバスケットボール、アメリカンフットボールなど多くのスポーツで広く使用されている。

ポジションを1＝投手、2＝捕手、3＝一塁手のように数字で呼称したのもチャドウィックだった。もっともチャドウィックは当初、5＝遊撃手、6＝三塁手と、現在とは逆にしていたと言われる。またH＝死球、B.B＝四球、W.P＝暴投、E＝エラー、K＝三振、S＝盗塁、L＝ファウル、T＝セーフティバントなどの略称も決めた。筆者の手元には、1866年に刊行されたチャドウィックの手になる「The Baseball player's book of reference」

INNINGS.										
BATSMEN.	1	2	3	4	5	6	7	8	9	FIELDERS.
1 Smith, 1st B.	k 1	5 L F 3			•		•	•		1 Grum, C. F.
2 Abrams, 3d B.	4 A 2		3d		1 F 1		•	•		2 Brown, 2d B.
3 Birdsall, C.	•		2-4 A 1		8-2 B 2		•	4 A 2		3 Zettlein, P.
4 Martin, 2d B.	3d		8-2 B 3		2-4 A 3			3d		4 Klein, 1st B.
5 Pabor, P.	5 T D 3		5 L F 2	5 L D 1			2-4 A 1	4 F 2	3 L F 3	5 Beach, C.
6 Ketchum, C. F.		1 F 1		8-4 A 2		2 P 2	7-5 H 3		6-4 A 1	6 Mills, 3d B.
7 Akin, L. F.		•		5 L F 3		5 L F 3		5 L F 1	8 F 2	7 Swandell, R. F.
8 Bassford, R. F.		5-6 C 2			•		2-4 A 1	•	7 F 3	8 McDonald, S. S.
9 Hannegan, S. S.		•			•		•	•		9 Ryan, L. F.
Total,	1	2	0	0	3	0	5	4	0	
Grand total,		3	3	3	6	6	11	15	15	

BOOK OF REFERENCE. 57

ごく初期のスコアカード

の復刻版があるが、ここにはごく初期のスコアカードが紹介されている。

これを見ると、各マスの左スミの•は得点、K.は三振、ABCHは一、二、三塁、本塁などの注釈がついていて、攻撃側と守備側の選手が両側に並んで表記されている。試合経過は最下段に示されているが、今見ても大体把握できるものになっている。チャドウィックはこうしたスコアカード、ボックススコアを集計したうえで、打率、防御率という投打の選手評価の数値も考案している（打率＝安打数÷打数、防御率＝自責点÷投球回数×9）。

打率、防御率は21世紀の今も、日米のプロ野球選手が最も重要視する記録の一つだ。こうした指標が150年以上前の、野球の原初の時期に考案されたことに驚きを禁じ得ない。

ルールの変動の中で確立された記録法

その後、チャドウィックはジャーナリストの傍ら公式記録員として様々な試合の記録を作成し、集計した。

当時は、野球のルールそのものも年々大きく変動していた。ストライク／ボールの判定が完成したのは１８６３年、この時期の投手は下手投げで打者が打ちやすい球を投げていたが、１８７２年には手首を利かせたスナップスローが認められ、「投手」が他の野手から独立する。

さらにこの年、9ボールで一塁に進むことが決められる。１８８０年にはそれが8ボール、82年に7ボール、84年に6ボールとなる。また、この年から投手のオーバースローが認められる。87年に5ボール、そして89年に現在同様、4ボールで一塁へ進塁することとなる。そして１８９３年には投手板と本塁の距離が今と同じ60フィート6インチ（18・44ｍ）になった。

チャドウィックは１８７１年にスタートした初めてのメジャーリーグであるナショナ

ル・アソシエーション（NA）の運営に参加するとともに、こうしたルール改正にも関与。1880年代には、盟友でMLB初期の大投手、さらにはスポーツメーカーの創業者であるアルバート・スポルディング（1850〜1915）が刊行した『Official Baseball Guide』の編纂に従事した。

野球は、その原初の時期にヘンリー・チャドウィックという「記録の天才」を得たことで、競技者だけでなく多くのファンや記録マニアを惹きつける奥深いスポーツになった。強調しておきたいのは、野球記録の始祖とも言えるヘンリー・チャドウィックがプレイヤーではなかったことだ。にもかかわらず彼は野球を愛し、その記録を後世にとどめるために多大な貢献をした。

「野球の記録」はチャドウィック以降も、プレイヤーとしての経験には乏しいが野球に対して強い愛情を抱く日米の研究家によって研究がすすめられ、新しい発見がなされ、進化してきた。今風に言えば「ヲタク」の彼らは、プレイヤーたちに必ずしも快く迎えられたわけではないが、それでも野球界の発展に大きく寄与してきたのだ。

長く続いたＭＬＢ公式記録員の「利益相反」

ヘンリー・チャドウィックによって確立された野球の記録法に則って、アメリカのプロ野球は1871年以降、記録の歴史を刻むようになった。1901年にはアメリカン・リーグ、ナショナル・リーグの「二大リーグ制」となったが、以後もMLBは、連綿とチーム、選手の記録を録り続けている。

しかし、アメリカのプロ野球には、永年にわたって専属の「公式記録員」はいなかった。各地で行われたMLBの公式戦は、地元の新聞記者が「公式記録員（Official Scorer）」となって試合記録をつけ、集計した。これらの公式記録は1919年以降、統計会社「エリアス・スポーツビューロー」が取り扱うようになったが、試合現場でのスコアつけは長期にわたって新聞記者が担当した。

20世紀以降、MLBはアメリカで大衆的な人気を博し「ナショナル・パスタイム（国民的ひまつぶし）」になった。それとともに野球の記録も多くの人々の注目を集めるようになると、球団オーナーの中には、ホームチームに有利な判定をするように記者の公式記録員に圧力をかけるものが出てきた。後年の野球史家は、いくつかのノーヒットノーランや、連続安打などの記録が、球団の圧力で記録が捻じ曲げられたのではないかと疑念を呈している。

しかし、各地方の新聞記者による公式記録作成は、1979年まで続いた。この時期になってようやく、多くの新聞社が「利益相反」を理由に新聞記者による試合記録の作成を禁止しはじめた。このため、MLBでは1980年より各球団がメディアから独立した公式記録員を雇用することとした。また、記録の偏りを是正するために記録作成、集計の技量を向上させる改革にも取り組んだ。1980年以降、ホームチームに有利な裁定がされる傾向は是正されたと言われている。

NPBの公式記録員はごく初期から球数をスコアブックに記入していたのだが、MLBの公式記録員は長い期間「球数」については記録してこなかった。MLBの公式サイトにNP（Number of Pitches）が載るのは1974年度からである。

2001年になってMLBは、各球団とは別個の「記録部門」を設立。それまで各球団の公式記録員が結果を郵送やファクシミリでMLBに送信していたのを、MLBが直接雇用した通信員がオンラインで送信する仕組みを構築した。それとともに野球記録の結果を検証する採点委員会を設置した。この委員会の決定によって、記録が覆されたこともある。幾多の紆余曲折を経てMLBの「公式記録」は、21世紀になってMLB機構が直轄する組織で作成されるようになったのだ。

しかし、MLBの公式記録員が記録を作成する時代はわずか十数年で終わり、今は先進の計測機器とデータシステムが瞬時にデータを数値化し、集計する時代になっている。

初めてのデータアナリスト

ブランチ・リッキー（1881～1965）は、セントルイス・カージナルスやブルックリン・ドジャースのGMとして「ファームシステム」を構築したり、黒人選手ジャッキー・ロビンソンを抜擢起用するなど、MLBの歴史に残る功績を残した野球人だが、1947年、カナダのプロホッケーのアナリストだったアラン・ロス（1917～1992）を、ドジャースのフルタイムのデータアナリストとして雇用した。

ロスは、左打者の左投手に対する相性や、投球カウント別の投打の傾向などのデータを出してチームの勝利に貢献した。また「出塁率」を考案したことでも知られる（出塁率＝〔安打数＋四球数＋死球数〕÷〔打数＋四球数＋死球数＋犠飛〕。これは現在の数式で、ロスが考案したものとは若干異なる）。ロスは「打率」よりも「出塁率」の方が重要だと主張した最初の一人だった。また「セーブ」の概念も考案した。

ロスは球場に初めてパーソナルコンピュータを持ち込んだ人物としても知られる。1

964年までドジャースのアナリストとして勤務。後述するビル・ジェームズは、ロスをセイバーメトリクス的な考えの創始者だと讃えている。2010年にはカナダの野球殿堂入りを果たした。

しかし、ロスはリッキーがドジャースを退任した後は冷遇された。セイバーメトリクスのような先進的な考え方がMLB全体に普及するには、なおも半世紀近い歳月を要することになる。

アマチュア研究者によって紡がれた歴史

アメリカの野球界は「公式記録」とは別に、多くの研究者を輩出し、膨大な量の「野球記録の書物」を刊行してきた。刊行にはアマチュア研究者も数多く関与した。

その代表的なものがMACMILLAN社の『THE BASEBALL ENCYCLOPEDIA』だ。数千ページもあるこの大著には、MLBの公式戦に1試合以上出場した選手の投打、守備の記録が細大漏らさず所収されている。また、トレードなどの記録も収録されている。関西在住の筆者は大学生のころ東京に出てくると、今は無き銀座の「イエナ書店」でこのブロック塀のかけらのような本を購入したものだ。日本初のメジャーリーガーであるマッシー村上こと村上雅則（１９４４〜）の名前を見つけたときは感動した。

刊行物の時代からネットの時代になっても、アメリカ野球は「記録」にこだわり続けた。記録専門サイトで、ＭＬＢとも深いかかわりがある Baseball Reference には、１８７１年からのＭＬＢの記録が、チーム、選手レベルで詳細に紹介されている。ＭＬＢだけでなくマイナーリーグや独立リーグ、日本、ドミニカ共和国などのプロ野球の記録も詳細に網羅されている。近年は、ＮＰＢの二軍の記録も収集し始めている。

筆者は、毎日、野球選手の記録について記事やブログを書いているが、最近は日本選手の記録でも Baseball Reference を参照することが多い。ＮＰＢの公式記録では一軍の記録しか集計されていないが、こちらはここ10年ほどであれば、二軍記録も一緒に掲載されているからだ。

Baseball Reference は、後述するセイバーメトリクスの研究者の一人であるショーン・フォーマンによって２０００年に創設されたが、近年

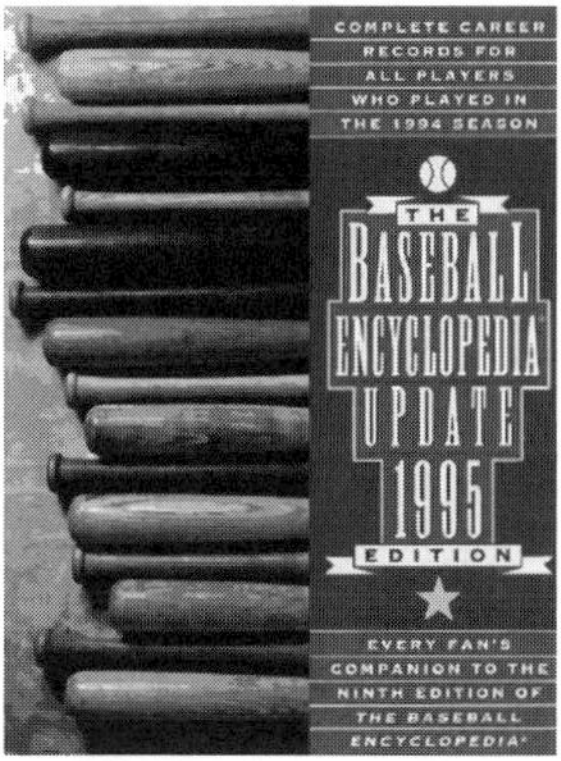

『THE BASEBALL ENCYCLOPEDIA』1995年版

は現存するリーグだけでなく、ニグロ・リーグや今は消滅したリーグの記録も掘り起こしてデータ化している。最近、ニグロ・リーグの記録をMLBの記録と統合したために、通算記録などで一部混乱が生じているが、その背景には「野球史」「野球記録」に対する大きなリスペクトがあるのだ。

8-2 日本の公式記録のあゆみ

お雇い外国人が日本にもたらした野球

日本に野球がもたらされたのは1872年。第一番中学（のちの東京大学）で「お雇い外国人」として教鞭をとっていたアメリカ人教師のホーレス・ウィルソン（1843～1927）が、学生たちに手ほどきをしたのが最初とされる。

実は日本サッカーも、1873年にイギリスの海軍軍人だったアーチボルド・ルシアス・ダグラス（1842～1913）が、東京・築地の海軍兵学校で学生にサッカーの手ほどきをしたのが始まりだとされる。日本ではほぼ同時期に、欧米の二つの人気ボールゲームが始まったのだ。

ただ、ウィルソンがもたらしたとされるのは「公式」であり、他のお雇い外国人やアメリカからの来訪者が日本人に野球を教えたという話もいくつか残っている。

前項で触れたように、この時期、アメリカ野球のルールは毎年のように大きく変動していた。こうしたルール改訂は翌年以降、日本にもたらされ「野球規則」は書き改められた。日本が野球の「宗主国」であるアメリカのルールに準拠する姿勢は以後も続き、最近では2017年「申告敬遠」の制度がアメリカで導入されると、日本でも翌年からプロ、アマで導入された。こういう形でアメリカに追随してルールをアップデートする慣習が続いているから「日米野球」も「NPBからMLBへの選手の移籍」も可能なのだ。

ホーレス・ウィルソンは英語教師で野球の専門家ではなかったが、自身も試合に出た。当時のボックススコアも残されているので「記録」に関してもある程度の知識を伝えたようだ。しかし、それはごくごく原始的なものだった。

日本最古のスコアカードは1896年5月23日に行われた旧制第一高等学校（一高）対横浜外国人チームの試合のものだ。一高野球部員だった草鹿砥祐吉が記入法を考案したとされる。

「早稲田式」「慶應式」の併存

日本野球の公式記録は次第に整備され、1925年の「東京六大学」の創設と共に、ほぼ現在の形になった。しかし今に至るも、日本には「早稲田式」「慶應式」の二つのスコア記入法が併存している。大部分のアマチュア野球、独立リーグでは「早稲田式」でスコアブックを作成しているが、NPBは「慶應式」だ。Wikipedia（2024年5月時点）によれば95％が「早稲田式」、5％が「慶應式」とのこと。

早稲田式は、スコアブックの一つ一つのマスに印刷されたダイヤモンドに走者の動きを書いていくので、試合の流れは分かりやすいが、例えば投手がゴロを捕って一塁ベースに入った二塁手に送球する際など1－4と記すだけで、二塁手が一塁に入ったことは記録できない。慶應式の場合、一塁に二塁手が入ったこともABCで記録できる。さらに集計も慶應式の方が容易だ。

では、なぜ早稲田式が慶應式よりも普及したのか？「記録の神様」の一人、宇佐美徹也（1933～2009）は、初期の日本野球でスコアをつけ始めたのが新聞記者で、明治、大正期の新聞記者には早稲田大学出身者が多かったことが原因ではないかと推測している。東京六大学が発足した１９２５年以降、リーグ戦では各大学から派遣された公式記録員がスコアをつけているが、これも早稲田式となった。ただし慶應義塾大だけは今も慶應式のスコアをつけている。

また、１９１５年に始まった中等学校野球大会（高校野球の前身）では、朝日新聞、毎日新聞の新聞記者が公式記録をつけて、Ｈ（安打）、Ｅ（エラー）などの判定もしている。こうした記者も「早稲田式」でスコアをつけている。

こういう経緯で「早稲田式」が、日本野球に普及した。今ではＢＦＪ（全日本野球協会）に加盟するアマチュア野球団体と独立リーグは「早稲田式」のスコアをつけているが、プロ野球だけは後述する理由で草創期の１９３６年から「慶應式」を採用して現在に至っている。

アマ球界、独立リーグは「早稲田式」、プロ野球だけが「慶應式」という「ねじれ状態」は、アマチュアのスコアラーからプロの公式記録員への転身の障壁となっている。ＮＰＢが公式記録員を募集する際に「経験不問」とするのは、ＮＰＢと慶應義塾大以外に「慶應式」でスコアをつけた経験がある人が存在しないためだと思われる。

「職業野球」から始まった「公式記録」

日本では、本格的な「野球記録」は、1936年に発足した「職業野球」から始まった。リーグを運営する日本野球連盟は2年目の1937年に「公式記録員」を雇用した。MLBが長く公式記録の作成、集計を新聞記者に委託していたのとは対照的に、日本のプロ野球は発足直後から公式記録を自前で作成し、管理していたのだ。

プロ野球の公式記録員第一号は、広瀬謙三（1895〜1970）だ。愛知県名古屋市の高等小学校を卒業後、苦学して1925年に雑誌『野球界』記者となる。1936年には「時事新報」に入社したが、この年発足した職業野球から公式記録を委託され、翌年、公式記録員となる。巨人の沢村栄治やタイガースの藤村富美男などが活躍した、草創期の職業野球の試合の多くは、広瀬謙三がスコアをつけたものだった。広瀬は野球史に関する多くの著作を出版し「記録の神様」と呼ばれるようになる。

1942年にはもう一人の「記録の神様」、山内以九士（1902〜1972）が「公式記録員」になった。島根県松江市出身の山内は、慶應義塾大学で「慶應式」のスコア記入法を考案した直木松太郎に師事し、野球記録の研究を進める。1936年には直木との共著『最新野球規則』を出版、また同年、本格的なスコアブックである『ヤマウチ式野球試合記録帖』も出版した。当然「慶應式」である。さらに島根県松江市在住のまま、日本野球連盟の規則委員になり、公式記録員の広瀬をサポートしていた。

広瀬は慶應義塾大学出身ではないが、「慶應式」でスコアブックを作成した。広瀬の著書『野球スコアのつけ方』（１９５７年刊）によると、山内以九士が升目を引いただけのシンプルなスコアブックで「慶應式」のスコアをつけているのを広瀬が見て「白い雑用紙にでも記録できるので、この方法を少し簡単にしたようなものを使用していた」とのことだ。

こうしてつけられたスコアブックの記録の表記は記録員により、まちまちだった。前述のとおり、職業野球は創設当初から「球数」をつけてきたが、ストライクのうち、空振り、見逃しの別を記録するかどうかは、記録者によって異なっていた。前出の広瀬の著書『野球スコアのつけ方』によれば、広瀬は空振りの記録を録っていない。

１９５１年、巨人の川上哲治は４２４打席、３７４打数で６三振というプロ野球タイ記録を作った。この年の川上はわずか７回しか空振りがなく、７８３球連続で空振りしなかったと言われているが、この間、広瀬がスコア記録を担当した試合が含まれていて、そもそも「空振り」を記録していなかったのでは？　という疑惑がある。また他にも記録員によって異なる解釈もあるなど、整合性の問題があった。

そこで後年、山内は5000試合を超えるスコアブックを精査、確認し、清書していった。この膨大な作業によって、日本プロ野球の記録は現在に伝えられているのだ。

1950年の2リーグ分立に伴い、広瀬はセ・リーグ、山内はパ・リーグの記録員になった。山内自身は、セ・パ両リーグの記録を統括する特別記録員になることを希望していたが、両リーグ間の反発が激しく、審判も公式記録員も各リーグで別個に雇用し、運営することになったのだ。しかも両リーグの公式記録部は、全く別々に集計を行った。打球の判断などの解釈も両リーグで異なっていた。山内は両リーグの記録が統一できていないことを嘆いている。

セ・パ両リーグは個別に「年報」という形で記録集をまとめていた。1963年になって両リーグの記録をまとめた『オフィシャル・ベースボール・ガイド』の刊行が始まったが、それでもセ・リーグは『グリーンブック』、パ・リーグは『ブルーブック』という独自の記録集を現在も刊行し続けている。

2009年1月1日、セ・パ両リーグの連盟事務局と直下の審判部・記録部はコミッショナー事務局と統合され、コミッショナー直属の「セントラル・リーグ運営部」「パシフィック・リーグ運営部」「審判部」「記録部」となり、リーグ会長職は廃止された。59年続いたセ・パ両リーグは組織としては消滅した。公式記録員も、コミッショナー直轄となって、ようやく一本化された。

『ベースボール・レディ・レコナー』

「記録の神様」山内以九士が、私財を擲《なげう》って刊行した出版物がある。『ベースボール・レディ・レコナー』という。全ページ、びっしりと数字が印刷された、まるで暗号解読書のような体裁の本だ。縦軸は「AB＝At Bat」つまり打数、横軸は「H＝Hit」安打。この本は、野球の打率の計算（安打数÷打数）をひたすら行って、その結果を掲載しただけの「打率早見表」だ。筆者は２０１３年に山内の孫弟子にあたる報知新聞社の蛭間豊章（１９５４～）に現物を見せてもらった。数字が羅列してあるだけのページをめくって、頭が一瞬くらくらした。ただただ「割り算の結果」をひたすら記しただけの冊子であるが、山内はこれを利用すれば、打率、長打率、守備率、勝率、防御率なども算出が可能であるとしている。

今なら、表計算ソフトを使えば、これらよりもはるかに複雑な数式を伴う計算も、瞬

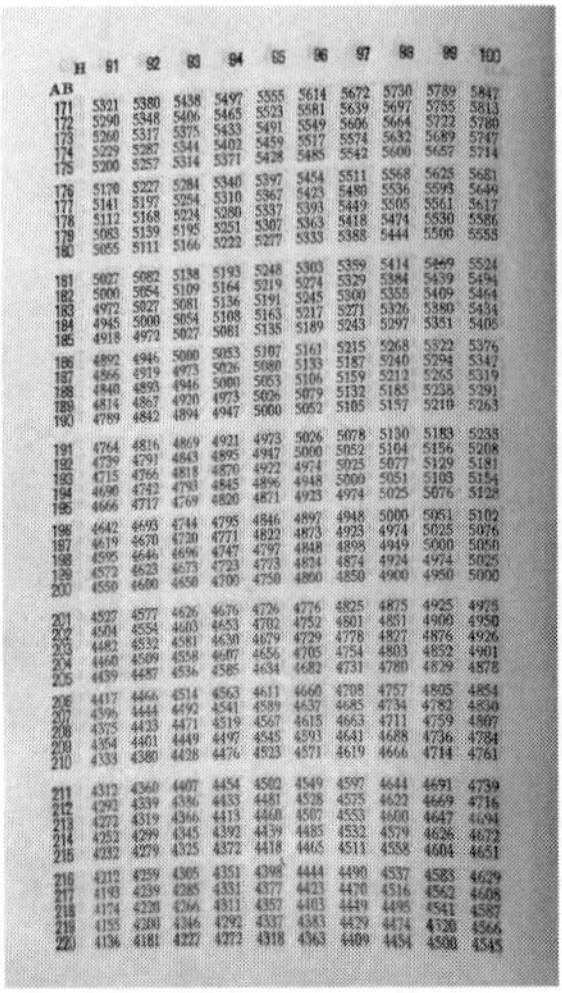

AB \ H	91	92	93	94	95	96	97	98	99	100
171	5321	5380	5438	5497	5555	5614	5672	5730	5789	5847
172	5290	5348	5406	5465	5523	5581	5639	5697	5755	5813
173	5260	5317	5375	5433	5491	5549	5606	5664	5722	5780
174	5229	5287	5344	5402	5459	5517	5574	5632	5689	5747
175	5200	5257	5314	5371	5428	5485	5542	5600	5657	5714
176	5170	5227	5284	5340	5397	5454	5511	5568	5625	5681
177	5141	5197	5254	5310	5367	5423	5480	5536	5593	5649
178	5112	5168	5224	5280	5337	5393	5449	5505	5561	5617
179	5083	5139	5195	5251	5307	5363	5418	5474	5530	5586
180	5055	5111	5166	5222	5277	5333	5388	5444	5500	5555
181	5027	5082	5138	5193	5248	5303	5359	5414	5469	5524
182	5000	5054	5109	5164	5219	5274	5329	5384	5439	5494
183	4972	5027	5081	5136	5191	5245	5300	5355	5409	5464
184	4945	5000	5054	5108	5163	5217	5271	5326	5380	5434
185	4918	4972	5027	5081	5135	5189	5243	5297	5351	5405
186	4892	4946	5000	5053	5107	5161	5215	5268	5322	5376
187	4866	4919	4973	5026	5080	5133	5187	5240	5294	5347
188	4840	4893	4946	5000	5053	5106	5159	5212	5265	5319
189	4814	4867	4920	4973	5026	5079	5132	5185	5238	5291
190	4789	4842	4894	4947	5000	5052	5105	5157	5210	5263
191	4764	4816	4869	4921	4973	5026	5078	5130	5183	5235
192	4739	4791	4843	4895	4947	5000	5052	5104	5156	5208
193	4715	4766	4818	4870	4922	4974	5025	5077	5129	5181
194	4690	4742	4793	4845	4896	4948	5000	5051	5103	5154
195	4666	4717	4769	4820	4871	4923	4974	5025	5076	5128
196	4642	4693	4744	4795	4846	4897	4948	5000	5051	5102
197	4619	4670	4720	4771	4822	4873	4923	4974	5025	5076
198	4595	4646	4696	4747	4797	4848	4898	4949	5000	5050
199	4572	4623	4673	4723	4773	4824	4874	4924	4974	5025
200	4550	4600	4650	4700	4750	4800	4850	4900	4950	5000
201	4527	4577	4626	4676	4726	4776	4825	4875	4925	4975
202	4504	4554	4603	4653	4702	4752	4801	4851	4900	4950
203	4482	4532	4581	4630	4679	4729	4778	4827	4876	4926
204	4460	4509	4558	4607	4656	4705	4754	4803	4852	4901
205	4439	4487	4536	4585	4634	4682	4731	4780	4829	4878
206	4417	4466	4514	4563	4611	4660	4708	4757	4805	4854
207	4396	4444	4492	4541	4589	4637	4685	4734	4782	4830
208	4375	4423	4471	4519	4567	4615	4663	4711	4759	4807
209	4354	4401	4449	4497	4545	4593	4641	4688	4736	4784
210	4333	4380	4428	4476	4523	4571	4619	4666	4714	4761
211	4312	4360	4407	4454	4502	4549	4597	4644	4691	4739
212	4292	4339	4386	4433	4481	4528	4575	4622	4669	4716
213	4272	4319	4366	4413	4460	4507	4553	4600	4647	4694
214	4252	4299	4345	4392	4439	4485	4532	4579	4626	4672
215	4232	4279	4325	4372	4418	4465	4511	4558	4604	4651
216	4212	4259	4305	4351	4398	4444	4490	4537	4583	4629
217	4193	4239	4285	4331	4377	4423	4470	4516	4562	4608
218	4174	4220	4266	4311	4357	4403	4449	4495	4541	4587
219	4155	4200	4246	4292	4337	4383	4429	4474	4520	4566
220	4136	4181	4227	4272	4318	4363	4409	4454	4500	4545

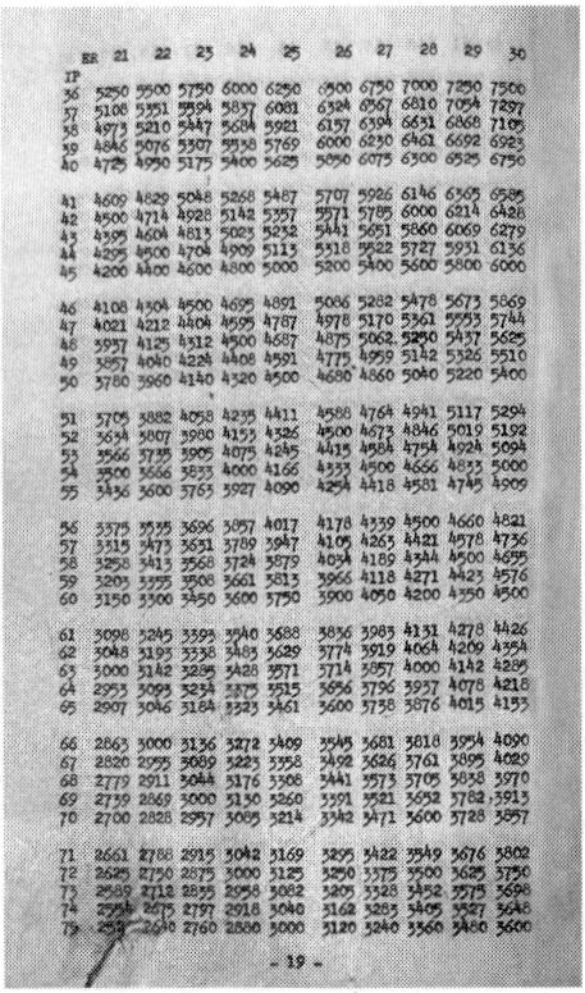

IP \ ER	21	22	23	24	25	26	27	28	29	30
36	5250	5500	5750	6000	6250	6500	6750	7000	7250	7500
37	5108	5351	5594	5837	6081	6324	6567	6810	7054	7297
38	4973	5210	5447	5684	5921	6157	6394	6631	6868	7105
39	4846	5076	5307	5538	5769	6000	6230	6461	6692	6923
40	4725	4950	5175	5400	5625	5850	6075	6300	6525	6750
41	4609	4829	5048	5268	5487	5707	5926	6146	6365	6585
42	4500	4714	4928	5142	5357	5571	5785	6000	6214	6428
43	4395	4604	4813	5023	5232	5441	5651	5860	6069	6279
44	4295	4500	4704	4909	5113	5318	5522	5727	5931	6136
45	4200	4400	4600	4800	5000	5200	5400	5600	5800	6000
46	4108	4304	4500	4695	4891	5086	5282	5478	5673	5869
47	4021	4212	4404	4595	4787	4978	5170	5361	5553	5744
48	3937	4125	4312	4500	4687	4875	5062	5250	5437	5625
49	3857	4040	4224	4408	4591	4775	4959	5142	5326	5510
50	3780	3960	4140	4320	4500	4680	4860	5040	5220	5400
51	3705	3882	4058	4235	4411	4588	4764	4941	5117	5294
52	3634	3807	3980	4153	4326	4500	4673	4846	5019	5192
53	3566	3735	3905	4075	4245	4415	4584	4754	4924	5094
54	3500	3666	3833	4000	4166	4333	4500	4666	4833	5000
55	3436	3600	3763	3927	4090	4254	4418	4581	4745	4909
56	3375	3535	3696	3857	4017	4178	4339	4500	4660	4821
57	3315	3473	3631	3789	3947	4105	4263	4421	4578	4736
58	3258	3413	3568	3724	3879	4034	4189	4344	4500	4655
59	3203	3355	3508	3661	3813	3966	4118	4271	4423	4576
60	3150	3300	3450	3600	3750	3900	4050	4200	4350	4500
61	3098	3245	3393	3540	3688	3836	3983	4131	4278	4426
62	3048	3193	3338	3483	3629	3774	3919	4064	4209	4354
63	3000	3142	3285	3428	3571	3714	3857	4000	4142	4285
64	2953	3093	3234	3375	3515	3656	3796	3937	4078	4218
65	2907	3046	3184	3323	3461	3600	3738	3876	4015	4153
66	2863	3000	3136	3272	3409	3545	3681	3818	3954	4090
67	2820	2955	3089	3223	3358	3492	3626	3761	3895	4029
68	2779	2911	3044	3176	3308	3441	3573	3705	3838	3970
69	2739	2869	3000	3130	3260	3391	3521	3652	3782	3913
70	2700	2828	2957	3085	3214	3342	3471	3600	3728	3857
71	2661	2788	2915	3042	3169	3295	3422	3549	3676	3802
72	2625	2750	2875	3000	3125	3250	3375	3500	3625	3750
73	2589	2712	2835	2958	3082	3205	3328	3452	3575	3698
74	2554	2675	2797	2918	3040	3162	3283	3405	3527	3648
75	[illegible]	2640	2760	2880	3000	3120	3240	3360	3480	3600

- 19 -

『ベースボール・レディ・レコナー』。左が打率用、右が防御率用
（蛭間豊章氏提供）

時に行える。現代から見れば、この本は、壮大な「無駄」のように見える。しかし『レコナー』ができるまで、公式記録員は打率などをそろばんを使って計算していた。選手の個人記録などの膨大な計算は、非常な労力を伴うものだった。

　山内が『レコナー』の作成を最初に思い立ったのは、1940年のことだった。150安打、300打数までの計算結果を列記した『野球成績早見表』を自費出版で300円かけて300部刊行した。しかしこのときは、戦争が近づいていたこともあり、あまり注目されなかったという。

戦後、これを６００打数（一部７００打数）までに拡大させた『ベースボール・レディ・レコナー』を読売新聞記者の本阿弥清（１９２２～２００５）の協力を得て１９５４年７月に刊行した。３６２ページに四桁の数字が15万８５００個もびっしりと並んでいる。

今回は、日本プロ野球界で大きな反響があっただけでなく、ＭＬＢ関係者もこぞって購入した。当時のＭＬＢでも打率や防御率などの計算は、計算尺や簡易な計算機で行われていて、大きな労力がかかっていた。それだけに『レコナー』の刊行は驚きをもって受け止められた。山内はアメリカでの使用を想定して英文の仕様説明も記していたという。さらに山内は、パ・リーグ記録部長の佐藤忠雄の協力を得て「防御率」の『レコナー』も出版している。

この『レコナー』に基づいて公式記録が算出された。それだけでなく、新聞の記録に関する記事や、テレビ野球中継の打率のテロップなども『レコナー』によって計算された数字が使われた。１９９０年頃まで、『レコナー』は野球の現場で使用されていた。

今から考えれば信じられないような刊行物だが、原始的な計算手段しか持たなかった先人が、倦《う》むことなく記録を残し続けてくれたからこそ、現在のデータ野球があるのだ。

ビッグデータが重視される時代になって、日米では過去の選手の成績も数値化する作業が行われている。数十年も前のデータが、今の選手と同じ評価、分析ができるのは、その当時の「公式記録員」が、大変な労力で記録を残し続けてきたからだ。そのことを忘れるべきではないだろう。

第二世代の「記録の神様」

1954年、山内以九士のもとに、入門志願の若者が現れる。千葉功（1935〜2021）だ。千葉は東京都立江北高校を卒業後、セ・パ両リーグ記録部に手紙を出したが、セからは返事がなく、パの山内から連絡を貰い、パの記録員見習いとなる。

1956年には宇佐美徹也も山内の門を叩く。宇佐美は小さい頃から野球のボードゲームに夢中になる。栃木県立佐野高校を卒業後、一般企業に就職したが記録員への思い断ちがたく、山内に入門を乞い、門下となった。この二人が第二世代の「記録の神様」になっていく。

山内は、二人をすぐに現場に投入し、いわゆるOJT（オンザジョブトレーニング）で鍛え上げた。山内は千葉や宇佐美の質問に答えることもあまりなく、二人は「先輩の仕事を盗む」要領でノウハウを身に付けていったという。二人ともに大学を経ずに高卒で入門している。山内にしてみれば「社員」ではなく純粋に「弟子」を鍛え上げるような気持で、教育したのだろう。

山内の薫陶を受けた二人は、後継者としてＮＰＢの記録部門を充実させていく。１９６０年以降、プロ野球は日本の「ナショナル・パスタイム」になっていく。それとともに多くのスポーツ紙が刊行されたが、こうした新聞にはセ・パ両リーグから提供された公式記録が連日掲載されるようになった。

部員数も増えた「公式記録部員」は、審判とともにプロ野球を支える重要な仕事になった。

千葉功の「記録の手帳」

千葉と宇佐美は、公式記録員として活躍しただけでなく、一般の野球ファン向けに記録に関する記事を書いた。師匠の山内も慶應予科を終えた１９２４年に朝日新聞の嘱託社員になり、スポーツ記事を手掛けている。また野球専門誌に度々寄稿してきた。そうしたコラムを通じて、記録好きの野球少年を啓蒙していた。千葉と宇佐美も山内の記事を読んで、その門を叩いたわけだ。

公式記録員としての仕事の傍ら、千葉功は1961年に『週刊ベースボール』誌上に「記録の手帳」の連載を開始する。毎週、その年のセ・パ両リーグの記録の話題を紹介した。当初は見開きだったが、次第にページ数が増え、最盛期には4ページになった。これは当時の記録ファンにとって必読の連載コラムだった。

例えば1979年6月4日号の『週刊ベースボール』の千葉の連載「300ホーマー兼300盗塁」で、この記録を持つのがMLBではウィリー・メイズ（660本塁打338盗塁）だけだったのが、この年にボビー・ボンズ（バリー・ボンズの父親、最終的に332本塁打461盗塁）が史上二人目になったことを紹介、NPBではこの時点で張本勲だけ（最終的に504本塁打319盗塁）であると書いている（のちに秋山幸二が437本塁打303盗塁で二人目となる）。張本勲は一度も盗塁王にはなっていないが、屈指の走塁の名手であったことがこれでわかる。普通のメディアが報じない、こうした視点が新鮮だった。

千葉は1975年にパ・リーグ記録部長となり、97年に退任。「記録の手帳」は2017年に病気で倒れるまで56年も連載を続けた。またこれを抜粋した『日本プロ野球記録史（全5巻）』も刊行している。NPBの現場からの「定点観測」で、記録ファンを魅了したと言えよう。

記録ジャーナリストとして活躍した宇佐美徹也

師匠の山内以九士が定年退職したタイミングで宇佐美徹也も「義務は果たした」との言葉を残してパ・リーグの記録員を辞職した。そして宇佐美は報知新聞社に入社、記録部長・編集委員として執筆、編集活動を開始、本格的な「記録記者」としての活躍が始まった。

宇佐美は報知新聞に記録関連の記事を執筆する傍ら、日本プロ野球の記録史の編纂を進め、1977年に『プロ野球記録大鑑』（講談社）を刊行した。これまでも永井正義（1926～1986）など、野球記録に関する読み物を書いたライターはいたが、日本野球の記録の中枢部にいて、その変遷を見続けてきた宇佐美のこの著作は圧倒的な説得力があった。この本は1979年、93年に改訂版が作られたが、いずれも1000ページを超す大著ながら、多くのファンに購入された。野球記録の本が商業ベースに乗ったのは、宇佐美のこの著作が初めてではないか。

また、主として少年向けに文庫本で毎年刊行された『プロ野球全記録』（実業之日本社、

読売新聞社刊『ON記録の世界』

1978～2004年）、同じく文庫本サイズの『プロ野球データブック』（講談社）なども人気を博した。

これらの著書の中でも最も評価されるべきが1983年刊の『ON記録の世界』（読売新聞社）だろう。長嶋茂雄（1936～）、王貞治（1940～）という不世出の大打者を1打席1打席追いかけて、記録から見た両者の違いをくっきりと浮き彫りにした。この本では長嶋の444本、王の868本の本塁打の飛距離まで記されている。飛距離は公式記録ではないが、公式記録員がスコアブックの余白に本塁打の飛距離をメモしていたのを拾い上げたものだ。王貞治の本塁打868本のうち、120m以上の大本塁打が22％の191本、長嶋は444本のうち16％の72本、しかし長嶋は、王が1本も打っていないランニングホームランを4本記録している。

一方で宇佐美は、1984年、阪神の福間納が、1961年に西鉄の稲尾和久が作った「シーズン登板記録78試合」に迫った際には、当時の阪神、安藤統男監督に「稲尾の記録は400イニング以上を投げて作られたもので、中継ぎ登板だけで形だけの記録を作るべきではない」という趣旨の手紙を送った。安藤は、これを受けて福間の登板を調整し、最終的に77試合で終わった。こうした「記録至上主義」ともいえる宇佐美の考えには、賛否両論があるところだろう。しかしながら、宇佐美徹也がいなければ、野球ファンの多くは「記録の楽しさ」を知らなかったはずだ。「記録の神様」宇佐美徹也が果たした役割は非常に大きかったと言えよう。

BISの導入、オンライン化

NPBは1989年、NPBの試合結果やチーム成績、個人の打撃成績などを一括管理するプロ野球データベース・システム「BIS（Baseball Information System）」をスタートさせた。

これによって、NPBの各球場で記録された「公式記録」は、オンラインで集計され、データとして発表されるようになった。

従来、公式記録員は各試合1名だったが、BIS導入後は「慶應式」でスコアブックをつける従来の記録員に加え、BISにデータを入力する記録員が増員された（二軍は

1名の記録員で両方の作業を行っている)。

宇佐美徹也は1988年に報知新聞社を退社し、日本野球機構コミッショナー事務局に入り、BISの構築に尽力した。BISの運用は、当初の電通、共同通信社から、2013年、伊藤忠テクノソリューションズへと移管された。

この時代になっても、日米で「記録」を巡る解釈の違いは時々顕在化する。最近では「守備側が無関心な時の盗塁」について、NPBでは従来「盗塁」と記録していたが、MLBの試合中継が増えてからアメリカ流に、厳格に適用するようになったという。

2005年にはNPBは公式サイトを立ち上げ、BISのデータによるチーム、選手記録を日々更新している。また、BISのデータは契約する新聞社、テレビ局、出版社などに提供されている。これによって、プロ野球の記録はオンタイムで、広く共有されるようになった。

8－3　スカウト、スコアラーが刻んだ記録

MLBアドバンススカウトの活躍

プロ野球の世界で「数字」「データ」を扱うのは「公式記録員」だけではない。MLBではごく初期の段階から、相手チームの選手の動向を偵察し、作戦に役立てる「スカウト」という存在がいた。当初は地元の新聞記者や試合に出ない選手が偵察をして、投手の投球の特徴や、打者の得意、不得意、さらには野手の守備のレベルについてなどをチームに伝えていた。その後「スカウト」は、他チームやアマチュア野球の有望選手を偵察する「タレントスカウト」と、ライバルチームの試合を偵察する「アドバンススカウト」に分かれる。

「アドバンススカウト」がMLBで活用されるきっかけとなったエピソードとして知られているのが、フィラデルフィア・アスレチックスの現役投手ハワード・エムケー（1894〜1959）の話だ。1927年、ヤンキースのベーブ・ルースが60本塁打のMLB記録を作った際に最初の1本を与えたエムケーは、1929年終盤、優勝が確実になった時点で、アスレチックスの監督、コニー・マック（1862〜1956）にベンチ入りメンバーから外すとの通告を受けた。エムケーは「ワールドシリーズで投げさせてほしい」と懇願したが、マック監督は「それならシカゴ・カブスの試合を見て投手、打者の弱点を全て調査しろ」と命じた。そこでエムケーは、当時、ナ・リーグのペナントレースを独走していたカブスの試合を偵察し、弱点、長所をつぶさに報告した。

エムケーは当時35歳、成績は7勝2敗、防御率4・24と冴えなかったが、報告を受けたマック監督は、ワールドシリーズの第1戦にエムケーを先発させる。カブス打線を熟知したエムケーは8安打されたものの9回自責点1で完投勝利。これで勢いに乗ったアスレチックスは4勝1敗でシリーズを制した。エムケーにとっては生涯唯一のワールドシリーズのマウンドとなり、翌年限りで引退した。

エムケーのこの活躍で「アドバンススカウト」の重要性を認識したMLB球団は、専任者を置くようになる。

『ドジャースの戦法』とスカウティング

1954年にブルックリン・ドジャースのトレーニングコーチであるアル・キャンパニス(1916~1998)によって著された『ドジャースの戦法(The Dodgers' Way to Play Baseball)』は、打撃が弱くても、投手力、守備力でチームを強化できるという「スモールベースボール」を説いた入門書だ。アメリカだけでなく日本の野球界でも、巨人を中心に「野球の教科書」として熱心に読まれ、近代野球の手本となってきた。

同時にキャンパニスは「タレントスカウト」「アドバンススカウト」の分野でも大きな功績を残した。若手選手に対する評価では20〜80までのポイントによる評価システムを導入、これはのちにMLBの「タレントスカウト」のスタンダードとなる。キャンパニスはこの手法で、ドジャースのエース、ドン・ドライスデール、ドン・サットンなどの有望選手をスカウトしている。「アドバンススカウト」としてキャンパニスは、1963年のドジャース対ヤンキースのワールドシリーズで「かつてない」と評される詳細なレポートを作成して、ミッキー・マントル、ロジャー・マリスなどの強力な打線を抑え込み、4勝0敗での勝利をもたらした。

キャンパニスは『ドジャースの戦法』で、投手、打者、野手に対する極めてきめ細かなチェックポイントを紹介している。その視点で相手チームを偵察し、多大な成果を上げたと言えよう。ただ『ドジャースの戦法』の巻末には「サインの盗み方」という項目がある。「サイン盗みは選手二人がかりか、あるいはベンチにいるコーチと選手とが二人一組になって行う」として、サインの盗み方についても詳細に説明している。後述するが、『ドジャースの戦法』はV9時代の巨人で「バイブル」のように尊重された。他のNPB球団も大いに参考にした。NPBで一時期横行した「サイン盗み」に、キャンパニスの著作の影響があった可能性はあるだろう。

また、MLBでもキャンパニスの野球理論は大きな影響を与えてきた。2017年のワールドシリーズでヒューストン・アストロズは「サイン盗み」で大スキャンダルを巻き起こしたが、はるか後年のスキャンダルは、MLBが営々と蓄積してきた「データ野球」の暗部であると言えるのではないか。

「尾張メモ」で始まったNPBの本格的なスカウティング

日本で「アドバンススカウト」に相当する仕事は「先乗りスコアラー」ということになるだろう。その走りが尾張久次（1909〜1985）だ。

印刷工から『スポーツ毎日』の記者になった尾張は、記者席で試合のメモを熱心に取っていた。それをもとに監督別、攻守ごと、点差、カウントごとなどに試合の傾向をまとめ、これを監督編、投手編、捕手編、野手編、さらには打者ごとに精細なメモを作成していた。尾張はこれをもとに『スポーツ毎日』に「週刊テーブルスコア」というコラムを書いていたが、これに注目した南海ホークス監督の鶴岡一人（1916〜2000）が、尾張を南海にスカウトした。1954年4月1日に南海入りした尾張は「尾張メモ」

を駆使して、南海ホークスの黄金時代に数字で貢献することになる。

従来の球団でもマネージャーなどがスコアをつけてそれを集計してはいたが、相手チームの選手や作戦を徹底的にチェックして、チームの作戦に役立てたのは日本では尾張が最初だった。そもそも「スコアラー」というネーミングも尾張によると言われる。

鶴岡監督は尾張に、当時急速に台頭してきた「西鉄ライオンズ」の徹底調査を命じた。尾張は西鉄監督の三原脩の采配を、新聞などの記事やスコアをもとに徹底的に調べ上げた。「7番投手」など「三原マジック」と言われた用兵についても、その根拠を追究した。また、個々の選手についても傾向、特色などを調べ上げた。

ただし、中西太だけは決定的な対策が見出せなかった。そこで中西の前後を打つ大下弘と豊田泰光を、中西と「分断」するという作戦を立てた。南海はこうして西鉄打線対策を立てると同時に、野村克也、穴吹義雄、大沢啓二などの強打者を補強して打線を大型化することで、西鉄に対抗した。

この尾張メモを最も熱心に見ていたのが、当時、捕手、中軸打者として台頭していた野村克也（1935～2020）だ。野村は尾張メモに詳述されたライバルチームの投手の傾向や癖を頭に叩き込んで打席に立ち、1965年には戦後初の三冠王になった。また捕手としても、相手打者の特徴を頭に入れて投手をリードした。さらには、監督になってからも尾張メモは作戦立案に大いに役立った。後年、ヤクルト、阪神、楽天監督として一世を風靡する野村克也の「ＩＤ野球」の原点は、尾張メモにあるという見方もできよう。

尾張は１９５５年以降、中日の大島信雄（１９２１～２００５）、阪神の白坂長栄（１９２２～２０１５）、毎日の三宅宅三（１９２１～２００６）、阪急の柴田英治（１９３０～１９９９）、国鉄の佐竹一雄（１９２５～２０１７）、近鉄の沢藤光郎（１９１９～１９８７）、広島の川本徳三（１９３４～）、東映の宮沢澄也（１９２６～２００８）と、各球団のスコアラーに自らの記録の録り方、資料の作成法を丁寧にレクチャーした。各球団のスコアラーたちは、いずれもプロ野球選手として実績を残した選手上がりだったが、選手経験がない尾張に師事してデータ野球を学んだのだ。これらのスコアラーは各チームの作戦面を担い、各球団にデータ野球を根付かせていく。広島の川本徳三は、王貞治の打球方向のデータを分析し、白石勝巳監督に進言して「王シフト」を導入させたことで知られている。

南海の鶴岡監督は、尾張の「データ野球の秘密公開」を容認していたようだ。「鶴岡御大」と言われた鶴岡には、プロ野球全体の進化につながれば、という意識があったのだろう。また、ノウハウを会得したとしても、本家尾張の永年の蓄積に一朝一夕で追いつくことはできない、との認識も持っていたのだろう。尾張久次は、日本のスコアラーによるデータ野球の開祖と言ってもよいのではないか。

ただ、尾張のもとには、巨人、西鉄、大洋のスコアラーは来なかった。巨人監督の水原茂は前述のドジャース、アル・キャンパニスが考案したスカウティングの考え方で独自に偵察活動をしていた。水原茂は自ら三塁コーチャーズボックスに立って選手にサインを送ったが、これもドジャース流だったという。後年、川上哲治監督、牧野茂コーチがキャンパニスの『ドジャースの戦法』をバイブルのように崇めてそれに基づいて戦略を立案した素地は、水原茂監督時代からあったと言ってよいだろう。また西鉄監督の三原脩は、自分の感覚を重視し、スコアラーを重要視しなかったという。

尾張の仕事はニューヨーク・ヤンキースのケーシー・ステンゲル監督からも高く評価された。尾張は1979年に西武ライオンズのスコアラーに就任、病没するまで現役のスコアラーとして活躍した。

正社員になれなかった「先乗りスコアラー」

筆者は、巨人の「先乗りスコアラー」の先駆けだった小松俊広（1940〜2023）に話を聞いたことがある。高知商時代、選抜の決勝で早稲田実業の王貞治と投げ合った左腕だったが、巨人入団後は故障もあって活躍できず、4年目に引退、川上哲治監督の命で「先乗りスコアラー」になった。投手の球筋を9分割で分析してマッピングするのは、小松の考案だという。

また、1972年の日本シリーズでは、対戦が想定される阪急の試合に張り付いて福本豊の盗塁について徹底的に調べ上げ「投手の癖を盗んで走っている」ことを解明、エース堀内恒夫、捕手の森昌彦（現祇晶）、川上監督とともに作戦を練り上げ、福本が堀内の癖を盗むのを阻止し、その足を封じた。

小松は取材には分厚いノートを持参したが、筆者には見せてくれなかった。それだけでなく、退職時には球団にデータを置いていかなかったという。小松は球団スタッフとして長年巨人に在籍したが、正社員ではなかったので退社時には退職金がなかったという。「スカウトは大事な役目だと思うけど、やめた時には何もなくてね」。夫人も「それは大変だったんですよ」と語っていた。それだけに永年録り続けたデータを球団に残す気になれなかったのかもしれない。残していれば、野球史の貴重な史料になったはずだが……。

スコアラーは今も各球団にいるが、アナリストの職務は、スコアラーから派生したものとみることもできる。スコアラー、アナリストともにNPBの球団においてはステータスは高くない。MLBではデータの専門家が経営の中枢に入ることも珍しくなくなっているが、NPBでもスコアラー、アナリストなどの専門職の地位向上が必要ではないだろうか。

8－4　記録の神様たちの横顔

蛭間豊章は、埼玉県出身。県立大宮高校から1973年、報知新聞に入社し、宇佐美徹也の下で記録記者として経験を積む。その後、MLB担当記者となり現地取材を行う。記録、MLB担当記者としての活動は半世紀に及ぶ。「記録の神様」宇佐美徹也、千葉功に最も身近に接したジャーナリストである。

宇佐美徹也が活躍した時代

「宇佐美さんが報知新聞に来たのは1964年ですが、その2、3年前から匿名で報知に書いていた。また1960年に出た月刊サンケイスポーツ特集号にも匿名で記録の記事を書いていました。NPBでは今も野手の守備イニングを公表していないんですが、その頃の記事で宇佐美さんが守備イニングについて書いているのを見つけて驚きましたね」

宇佐美徹也は、1956年にパ・リーグ記録部に入ったが、公式記録員ではなかった。

「補助員として試合記録をつけたことはあるだろうけど、公式記録員ではなかったと思う。千葉功さんも入ったころは公式記録員じゃなくて、現場に出たのは10年後でした。お二人とも主たる仕事は集計員だった。だからデータを集計して分析する記事が書けたのかなとは思います」

上司としての宇佐美徹也はどんな人だったのか？

「記録を集計するときに、縦計算横計算の集計だけはしっかりやれと言われました。例えば、王貞治の1年間の走者別の成績を集計するだけで1日くらいかかるんですね。それも縦罫横罫を全部きちんとチェックしろと言われました。

宇佐美さんはいつも胸ポケットにメモ帳をしのばせていて、何か気づいたことは、電車の中でもどこでもメモをして、自分なりの記録の仕方を考えていました。

それと『手集計』の大切さですね。宇佐美さんはのちに日本野球機構コミッショナー事務局に入ってＢＩＳデータ本部初代室長に就任しましたが、それ以降も手集計の良さについて話しておられた。

手集計の良さは、自分たちで集計しているうちにいろんな発見があるし、違うデータを見つけることができる。例えば走者別の集計を手集計でやっていれば、ホームランの項目で、満塁の成績だけカウントを入れてみよう、とか考えるようになる。すると、この選手の満塁ホームランは、ほとんどがファーストストライクを打っているみたいなことが見えてくる。派生的にヒントが出てくる。それによって選手一人一人の特徴、傾向が見えてくる。それがいいんですね。

宇佐美さんは、そうした視点から多くの著作を出された。これも今までの記録の専門家にはなかったことですね」

もう一人の「記録の神様」、千葉功はどんな人だったのか？

「千葉さんはオーソドックスでしたね。昔、新書館という出版社があって、ここで『プロ野球情報』という本を出した。そこで千葉さんは各球団のシーズン回顧をして強み、弱みについて書いていた。そして巻末で宇佐美さんが投打の各記録について書いたりしていた。二人で役割分担して書いていたんですね。あまり売れなくて3年で終わってしまいましたが。

千葉功さんは『週刊ベースボール』に56年間、2897回、一度も休むことなく連載コラムを書いた。もちろんタイムリーな記録だから、あとから見れば意味のないものも当然ありましたが、あのエネルギーは大したものでした。千葉さんも宇佐美さんもスクラップをきっちりとる人だったから、あれができたんだと思います」

「作られた記録」が大嫌い

宇佐美徹也は記録の「価値」を巡っていくつか論争を巻き起こした。

「宇佐美さんは『作られた記録』は大嫌いでしたから。連続試合セーブ記録とか、首位打者争いなどでの敬遠合戦などが起こるとすぐに記事を書いていました。

1984年に広島の衣笠祥雄がMVPを取った。ちょうど最終戦で連続試合出場がルー・ゲーリッグのMLB記録に並んだ。その日は宇佐美さんが休みで、僕の担当だった。

そこで衣笠を持ち上げる原稿を書いたら、翌日になって『お前、今日の原稿何だ！』って、ゲーリッグと衣笠の連続試合出場の中身を全部見たのか、と。衣笠は代打とかでつないだ試合があるけど、ゲーリッグは1試合だけショートに入ったのがあるだけで、ずっとスタメンだと。そういうのは違うんだぞって」

宇佐美徹也の大著『ＯＮ記録の世界』は、どのようにしてできたのか？

「宇佐美さんは部長職になって、報知新聞の『記録室』の記事は若い僕たちが書くようになった。宇佐美さんは毎週1回大阪版に１００行くらいの記事を書いていた。それを3年分くらい集大成したものです。大阪は夕刊を出していたから、それ用で、早番が出たら吹っ飛ぶ記事でした。ベテランが交代で書いていたんですが、比較的自由に書けるので、面白い記事がありました。

宇佐美さんは5行15字詰めの原稿用紙に各試合の打撃成績を書き込んだのですが、字がきれいだったから、編集は楽だったと思います。対照的に千葉功さんは、すごく癖のある字で、すぐに千葉さんだとわかりました」

宇佐美徹也が晩年に差し掛かるころにイチローが出てきた。宇佐美は『プロ野球全記録』などでイチローについても書いている。

『ベースボール・レディ・レコナー』を手にする蛭間豊章

「イチローのことはすごいって感激していましたね。だから、それだけにイチローと打率争いをするようなライバルがいなかったのがかわいそうだよねって言ってました。ライバルがいたらどういう心境になっていたのか、と思いますよね」

イチローが出たころからセイバーメトリクスが話題になり、日本でもアソボウズ、データスタジアムが活躍し始めたが、そのことについては語っていたのだろうか？

「いや、それは聞いたことがないですね。知っていたとは思いますが、どう思っていたのかはわからない。

2023年のMLBのMVPに大谷翔平が選ばれましたが、報知はそのタイミングで、アメリカン・リーグの歴代のMVPとその成績を一覧表にした。僕はいいと思った。MVPの記録なんて、スマホでたくさん出てきますが、こういう表にしてみるといろいろわかることがある。スマホに入りきらない情報なんかも出せますし、そこから見える面白いものもあるんじゃないかと思います。今はパソコンのキーボードを叩けば簡単にデータが出てきますが、僕は数字に対する愛情というか、そういうものも、もう少しあってもいいいんじゃないかと思います」

第9章　『マネー・ボール』がやってきた

ノンフィクション作家、マイケル・ルイス（1960〜）による『マネー・ボール』（原題：Moneyball : The Art of Winning An Unfair Game）は、21世紀初頭、セイバーメトリクスを駆使して並みいる金満球団を押しのけて優勝した貧乏球団オークランド・アスレチックスのドキュメントであり、大ヒットして映画化もされた。

同時にこの書籍は、MLBのデータ野球による「大変革」を象徴するメルクマールとなった。まさにMLB、そして野球は『マネー・ボール』を境として、音を立てて変貌していくのだ。

9－1　セイバーメトリクスの誕生

ビル・ジェームズ登場

ジョージ・ウィリアム・ジェームズは1949年、カンザス州ジャクソン郡の小さな町、ホルトンに生まれた。1971年に米陸軍を退役後、1973年、カンザス大学で文学と経済学、2年後に教育学の学位を取得、ポーク&ビーンズの缶詰工場で守衛をする傍ら、野球に関する執筆を始めた。

彼は野球の記録に関する考察をテーマとした研究に没頭し、これを世に問うために1977年から『ビル・ジェームズ野球抄録（The Bill James Baseball Abstract）』というタイトルの年次本を自費出版し始めた。この小冊子は「エラーとは何か？」など18個の質問に応答するスタイルだった。1977年版は75部、翌1978年版は250部が売れた。その後ジェームズは冊子刊行を続けるとともに、エスクァイア誌にシーズンごとのプレビューを執筆した。

ジェームズはスポーツイラストレイテッド誌などのメディアで高い評価を得た。さらに1990年からは『ベースボールブック』、2003年からは『ビル・ジェームス・ハンドブック』を刊行した。

1971年にアメリカ野球学会（The Society for American Baseball Research, SABR）が設立され

ており、ジェームズも参加していたが、この「SABR」と「測定基準（metrics）」を組み合わせて「セイバーメトリクス」という造語を作った。

ジェームズは、1981年にセイバーメトリクスの同好の士、ディック・クレイマー（1942〜）、ピート・パーマー（1938〜）らが設立した野球統計会社STATS（Sports Team Analysis & Tracking System の頭文字をとる）社にも参画した。

ビル・ジェームズたちセイバーメトリシャンは、野球ファンの間では、大きな支持を得た。しかし肝心のMLBは、セイバーメトリクスに全く関心を示さなかった。

セイバーメトリクスに不愛想だったMLB

ジェームズたち、セイバーメトリシャンはより詳細なMLBの試合データを入手するために、1919年以来MLBの公式記録を一手に扱っている「エリアス・スポーツビューロー」と交渉したが、エリアス社は全く相手にしなかった。エリアス社にとって顧客はMLBや主要メディアであり、アマチュアの愛好家は等閑視された。

そこでジェームズたちは、球場にスタッフを独自に派遣し、アウトカウントなどの状況別の打撃成績や投手の投球数などのデータを録るようになった。STATS社も賛同し、安い報酬で多くのスタッフが球場に派遣された。STATS 社はこれらのデータをMLB球団や監督に売り込んだが、彼らはほとんど関心を示さなかった。

第8章で述べたように、MLB球団では数十年前から「アドバンススカウト」というスタッフが敵チームに張り付き、試合を通じて様々な選手のデータを集積してきた。その活用法は限定的ではあったが、MLBの監督たちは、STATS 社が提示したデータも「同じようなもの」と思ったようだ。MLB球団には毎日のように様々な売り込みがある。STATS 社の提案も、その他大勢の売り込みと同様のものだと思われたのだ。

また当時のMLBには「コンピュータ」に対する強い拒絶感があった。前述のエリアス・スポーツビューローは、1970年代にはコンピュータを導入して、公式記録をまとめていたが、MLB球団にはコンピュータの専門家はわずかしかいなかった。

それでも STATS 社は一部の球団への売り込みに成功したが、その活用は限定的だった。そこで STATS 社は、野球ゲームのファンにデータを提供することにした。

アメリカでは戦前から「オールスター野球ゲーム＝ASB」、「スポーツイラストレイテッド野球ゲーム＝SI」などデータ、統計に基づいた野球シミュレーションゲームが盛んだったが、1980年、その進化系である「ロティスリー・リーグ・ベースボール」が誕生した。これは従来のゲームと異なり、過去の選手のデータで遊ぶのではなく、プレイヤーが現役のメジャーリーガーをドラフトし、実際に進行しているシーズンの間、その選手の実績に基づいてポイントが加算される仕組みになっていた。プレイヤーたちは、実際のGMやMLB監督と同様、現役選手の資質や適性、相性などを読んで選手を起用した。いわゆる「ファンタジーベースボール」と呼ばれるゲームの始まりだ。1985年、STATS社は彼ら向けに、データの販売を開始した。セイバーメトリクスはファンタジーベースボールのプレイヤーに熱狂的な支持を得た。さらにESPNやUSA TODAYなどの大手メディアもSTATS社の顧客になった。

しかしながら、ジェームズたちはそれでは飽き足りなかった。MLB球団の中枢に参画して、GMや監督たちにデータ分析に基づいたアドバイスをしたい。それによって野球の価値観を変えたい。それが彼らの野望だった。

アスレチックスにあいた小さな風穴

こうした状況に小さな風穴があいたのは1995年のことだった。アメリカン・リーグ西地区のオークランド・アスレチックスは、1988年から92年までの5シーズンで

4回地区優勝。1989年にはワールドシリーズの勝者になった。ホセ・カンセコ、マーク・マグワイア、リッキー・ヘンダーソンなどスーパースターを擁し、屈指の強豪となった。しかしオーナーのウォルター・A・ハース・Jr.が1995年に死去すると、アスレチックスは資金難に苦しむことになる。当時のGMはハーバード大ロースクール出身の弁護士、サンディ・アルダーソン（1947〜）だった。アルダーソンGMは、『ビル・ジェームズ野球抄録』の愛読者だった。乏しい資金の中でアルダーソンは、ジェームズの考え方に従って、一般的には評価は高くないが、セイバーメトリクス的には見どころのある選手を獲得しはじめた。

1993年、このアルダーソンGMのもとでGM補佐として仕事を始めたのがビリー・ビーン（1962〜）だ。そして1997年にアルダーソンが退任し、ビリー・ビーンがGMに就任すると、既成概念にとらわれず、客観的な統計学資料に基づいて選手を育成、獲得することにした。

ビリー・ビーンはランチョ・バーナード高校時代、強打の大型外野手として知られ、1980年のドラフト1巡目（全体23位）でニューヨーク・メッツに指名され入団した。トッププロスペクト（超有望株）だったのだが、選手としてはうまくいかず、MLBではメッツ、ツインズ、タイガース、アスレチックスで148試合に出場し3本塁打、打率.219に過ぎなかった。

ビーンは選手を引退後、アスレチックスのスカウトを経てGM補佐になる。彼は、アルダーソンGMがセイバーメトリクスの考え方に基づいて作ったレポートを読んで、感銘を受けた。そして1997年にアルダーソンが退任しGMに就任すると、セイバーメトリクスの考えでチームを建て直そうと考えた。

ここで強調したいのは、ビーンが選手上がりではセイバーメトリクスに理解を示した最初の一人だったということだ。それまでセイバーメトリクスに理解を示したのは、球団内部の人間であっても、弁護士出身のアルダーソンのように野球経験のない人がほとんどだった。野球選手上がりは数字よりも自分の経験、感性を重要視する。しかしビーンは例外的に、野球の素人が作った理論に理解を示したのだ。

その背景には、自らをドラフト1巡目で指名した、メッツの選手上がりの「タレントスカウト」に対する不信感があったという。

そして何より、彼がGMとして取り仕切ることになったアスレチックスが資金難で、他球団に伍して大物選手を高額の年俸で獲得することができなかったことが大きい。

アスレチックスの大胆な戦略

アルダーソンGMがセイバーメトリクスに興味を示した1995年以降のアスレチックスの成績と年俸総額、そして出塁率の推移を表にした（次ページ参照）。なお、当時のア・リーグ西地区は4球団であり、4位が最下位だ。年俸はMLB全球団での順位（1997年までは28球団。1998年から30球団）。

1995年のサラリーキャップ制導入に絡むストライキ以降、MLBの年俸総額は拡大の一途を辿り、1995年の年俸総額1位は5000万ドル余だったのが、2001年には1億ドルを突破している。そんな中でアスレチックスはオーナーの交代によって、1996年以降MLBでも下位の年俸だったが、2000年以降、4年連続でポストシーズンに進出した。それは、アルダーソンの後を引き継いだビリー・ビーンGMが、ビル・ジェームズのセイバーメトリクスに則った選手を起用、獲得してきたからだ。

1996年に52本塁打を打ったマーク・マグワイアが翌年7月に移籍すると、アスレチックスは生え抜きのジェイソン・ジアンビを主軸打者とした。ジアンビは30本塁打を打つ強打者だったが、それ以上に出塁率が4割前後と、セイバーメトリクス的に理想的

1995年以降のアスレチックスの成績、出塁率、年俸総額の推移

年	チーム成績				出塁率		球団年俸総額（万ドル）				
	勝	負	勝率	位		位	OAK	位	1位球団		◎
1995	67	77	0.465	4	0.341	9	3774	9	5059	TOR	1.34
1996	78	84	0.481	3	0.344	10	2124	26	5460	BAL	2.57
1997	65	97	0.401	4	0.339	8	2402	24	6224	NYY	2.59
1998	74	88	0.457	4	0.338	9	2147	28	7253	BAL	3.38
1999	87	75	0.537	2	0.355	4	2483	27	8693	NYY	3.50
2000	**91**	**70**	**0.565**	**1**	0.360	3	3317	24	9311	NYY	2.81
2001	**102**	**60**	**0.630**	**2**	0.345	3	3381	29	11279	NYY	3.34
2002	**103**	**59**	**0.636**	**1**	0.339	4	4000	28	12593	NYY	3.15
2003	**96**	**66**	**0.593**	**1**	0.327	10	5026	22	15275	NYY	3.04
2004	91	71	0.562	2	0.342	5	5943	16	18419	NYY	3.10
2005	88	74	0.543	2	0.330	5	5543	22	20831	NYY	3.76
2006	**93**	**69**	**0.574**	**1**	0.340	7	6484	18	19466	NYY	3.00
2007	76	86	0.469	3	0.338	6	7937	17	20704	NYY	2.61
2008	75	86	0.466	3	0.318	13	4797	28	21229	NYY	4.43
2009	75	87	0.463	4	0.328	11	6595	26	21033	NYY	3.19
2010	81	81	0.500	2	0.324	9	5790	26	21073	NYY	3.64

OAK ＝オークランド・アスレチックス、NYY ＝ニューヨーク・ヤンキース、BAL ＝ボルチモア・オリオールズ、TOR ＝トロント・ブルージェイズ

※太字はポストシーズン進出

◎１位球団の年俸総額 ÷ アスレチックスの年俸総額

な打者だった。

2001年、ジアンビはこの年にデビューしたシアトル・マリナーズのイチローとMVP争いをして2位になった。しかし年俸が高騰し、この年オフにジアンビはFAとなりヤンキースに移籍した。代わりに2002年、レッドソックスから獲得したスコット・ハッテバーグが高い出塁率で、チームに貢献した。ハッテバーグのこの年の年俸は90万ドル、前年まで主軸のジアンビの400万ドルの4分の1以下だった。

4年連続でポストシーズンに進出した時期に、アスレチックスの出塁率の順位が上昇していることに注目されたい。そういうコンセプトのチームに変貌したのだ。

ドラフトでも独自色を発揮

さらにアマチュアドラフトでも、アスレチックスは他球団とは全く異なった方針で選手を獲得するようになる。ビル・ジェームズは、高校生は未知数の部分が大きく、新人選手の獲得は「大学生に限る」と断言していたが、ビリー・ビーンGMはこの考えに従い、大学生を指名した。さらに体の大きさや球速ではなく、打者は「出塁率」、投手は「制球力」の良い選手の獲得を目指した。

2002年のドラフトでは、デビルレイズの1巡目指名のB・J・アップトンが460万ドルの高額契約金で契約する中、アスレチックスはFAで主力選手が移籍したことで獲得したドラフト指名権を利用して1巡目で、ニック・スイッシャー（全体16位、内野手178万ドル）、ジョー・ブラントン（全体24位、右腕投手140万ドル）、ジョー・マカルディ（全体26位、内野手137・5万ドル）、ベン・フリッツ（全体30位、右腕投手120万ドル）、ジェレミー・ブラウン（全体35位、捕手35万ドル）、マーク・ティーエン（全体39位、内野手72・5万ドル）と5人もの選手を安い契約金で獲得。スイッシャーを除いて、これらの選手の他球団からの評価は低かったが、ビリー・ビーンはセイバーメトリクスの観点でこれらの選手を高く評価して、一挙に獲得したのだ。

セイバーメトリクスを駆使した従来にないチーム作りで、アスレチックスはトップチームの3分の1ほどの年俸で、毎年のように優勝争いに参加した。観客動員も1995年には117万人だったが2001年には201万人までになった。

ビリー・ビーンGMは、アスレチックスのアドバンテージはしばらく続くだろうと予測した。しかし、MLB球団は、アスレチックスの成功を目の当たりにして一斉に「セイバーメトリクス」に注目した。ビーンの補佐役だったポール・デポデスタ（1972

〜）は、2004年にロサンゼルス・ドジャースが引き抜いてGMにした。またレッドソックスのセオ・エプスタイン（1973〜）GMは、2003年にセイバーメトリクスの開祖、ビル・ジェームズをアドバイザーとして雇用した。この年、レッドソックスのオーナーに就任した投資管理会社を経営するジョン・ヘンリー（1949〜）もビル・ジェームズの『ビル・ジェームズ野球抄録』の愛読者だった。このように各球団はセイバーメトリクスの専門家をアナリストとして雇用するようになる。

2003年、ビリー・ビーンGMとアスレチックスのユニークな取り組みを描いたドキュメント『マネー・ボール』がベストセラー作家マイケル・ルイスによって出版されると、セイバーメトリクスは多くの人が知るところとなった。『マネー・ボール』は2011年にブラッド・ピット（1963〜）主演で映画になり、これもヒットしたが、すでにこの時期には、開拓者アスレチックスのアドバンテージは失われ、セイバーメトリクスは新たな時代に突入しようとしていた。

9-2　激変した評価基準

野球の記録に「価値観」を与えた

筆者の手元には『ビル・ジェームズ野球抄録』の初期エディションの合本がある。

前述したとおり、この本は「最もエラーした選手は?」などの質問を設定し、これにジェームズがデータを駆使して答える形式になっている。実は、野球記録を扱った著作では、こうしたスタイルはごく一般的だった。日本の「記録の神様」、宇佐美徹也や千葉功の著作にもふつうにみられる。記録を精査して分析し、解釈するとは、基本的にそういうことであって、その点ではビル・ジェームズもそれ以前の野球記録の研究者も、日本の記録ライターも、大きな差はなかったと言える。

ただ、ジェームズが他の研究者と全く違ったのは「野球の試合において一番重要なものは何か」という問いかけに真剣に向き合ったことだ。野球の試合は、当然「勝利する」ためにある。勝利するために必要なのは「相手より多く得点を挙げる」ことだ。だとすれば、打者にとって大事なのは「得点に結びつくプレー」をすることであり、野手や投手は「失点を少なくするプレー」をすることだということになる。

それまでの「野球記録」は、単に選手の「打率」「長打力」「選球眼」「制球力」「エラーをしない守備力」などを個別に取り上げて評価してきたが、ジェームズはそのすべてを「得点」「失点」「勝利」に紐づけて価値体系を再構築した。これが、他の研究者との最大の違いだ。


打撃3部門で価値があるのは「本塁打」だけ

前項でも述べたが、ビル・ジェームズは「安打」と「四球」は、同じ「出塁」であり、「得点」に結び付くという点で「同じ価値」であるとした。であれば安打を打つ率である「打率」よりも安打と四死球による出塁の率である「出塁率」の方が重要だとした。

また打者が走者を本塁に返した回数である「打点」は「運」の要素が強いため、価値がないとした。そして「本塁打」は、打者が一人でほとんど唯一「得点」を挙げる手段であり、最重要だとした。つまり野球における「主要打撃タイトル」とされる「打率」「打点」「本塁打」のうち、価値があるのは本塁打だけだとみなしたのだ。

さらに「盗塁」は、成功すれば得点に結びつく可能性が高いが、失敗すれば走者を失う上に、アウトカウントが一つ増えるので、盗塁成功率の高い走者以外は、取るべき作戦ではないとしている。こうした考え方は「得点期待値」「得点価値」という統計的な概念に収斂されていった。

投手については「被安打」ではなく「被本塁打」「奪三振」と「与四球」に注目した。被本塁打は投手が即座に得点を与える致命的なプレーだ。奪三振は、振り逃げ以外の出塁の可能性を消す。反対に与四球は打者に安全に一塁まで進ませてしまう。この三つのプレーが重要だとした。

そして従来、投手の重要な指標とされた「勝利数」「防御率」は、これも「運」が関与するので重要ではないとした。この二つは投手の主要タイトルだが、セイバーメトリクス的には重視されなかった。

さらに「守備」では、**守備率＝守備機会÷（守備機会＋失策数）**ではなく守備範囲の広さを重要視した。

セイバーメトリクスによる新たな指標

ビル・ジェームズや他のセイバーメトリクスの研究者たちは、従来の「打率」「防御率」に代わる新たな指標をいくつも考案した。セイバーメトリクスは、以後も進化とともに数多くの指標を考案したが、そのきっかけとなった指標だ。これらはすべて「得点」「失点」ひいては「勝敗」に結び付く指標として考案された。中にはその後の研究によって、評価が下がったものもあるが、従来の「野球の価値観」を大きく揺るがした指標たちだと言える。主なものを紹介していこう。

・OPS ＝ OBP（出塁率）＋ SLG（長打率）

非常に単純な計算式ながら、打者の得点能力を表す指標として、現在も重要視されている。OPS が1を超える打者は「MVP級」とされる。ちなみに2023年アメリカン・リーグMVPのエンゼルス、大谷翔平の OPS はリーグ1位の 1.066、ナショナル・リーグMVPのブレーブス、ロナルド・アクーニャ・Jr.の OPS は 1.012 で、やはりリーグ1位だった。

投手については、1イニング当たりの与四球、被安打による出塁数を示す WHIP（Walks plus Hits per Inning Pitched）が考案された。

・WHIP＝（与四球＋被安打）÷ 投球回

こちらも単純な数式ながら投手の安定感を示す指標として重視され、MLBでは今も公式記録（STATS）にこの項目がある。しかしながら後述するボロス・マクラッケンによる「安打＝偶然の産物」という衝撃の発見により、現在は重要な指標とはみなされていない。むしろ、K/BBの方が重要視されている。

・K/BB＝奪三振÷与四球

この数値は被安打に左右されない投手の「制球力」「安定感」を示す指標として重視される。この指標が 3.5 を超す投手は優秀とされる。2023年、オリックスの山本由伸の K/BB はリーグ1位の 6.04（169奪三振、28与四球）を記録した。

守備では、RF（Range Factor）という指標がある。

・RF＝9×（刺殺＋補殺）÷守備イニング

つまり一人の野手が9イニングを守って何人をアウトにするか、という指標であり、野手の「守備範囲」を示している。RF の基準となる数値は守備位置によって異なる。

守備では守備率という伝統的な指標があるが、守備率は無理目の打球を追わなければ向上する。野手の本当の能力を表していないという批判があり、RF が考案された。RF はMLBでは普及しているが、NPBでは野手の守備イニングを公表していないため9×（刺殺＋補殺）÷出場試合数×9という簡易型の RF が使用されている。

セイバーメトリクスでは打点（RBI＝Runs Batted In）を全く評価していない。打点は走者の有無によって1～4まで大きく変わってくるため、打者の得点能力を反映していない。それに代わってビル・ジェームズが考案したのがRC（Runs Created）だ。

RCは、セイバーメトリクスが「公式記録」に基づいていた時代としては究極の指標と言ってよい。何度かの試行錯誤ののちに以下の数式となった。

A＝安打＋四球＋死球－盗塁死－併殺打
B＝塁打＋0.26×（四球＋死球）＋0.53×（犠飛＋犠打）＋0.64×盗塁－0.03×三振
C＝打数＋四球＋死球＋犠飛＋犠打

・$$\mathrm{RC}=\frac{(A+2.4C)(B+3C)}{9C}-0.9C$$

安打、四死球から盗塁、盗塁死、犠打、犠飛、三振、併殺打まで、打者のあらゆる指標を組み合わせているという点ではまさに「総合指標」と言える。そのうえで、RCはトップクラスの選手が100点超えをするように調整されている。2023年のセ・リーグ打点王、DeNAの牧秀悟の打点は103、RCは93.86で4位、RC1位は打点2位、

93打点の巨人の岡本和真の107.08だった。

RCは積み上げ型の指標のため、より打席数が多い選手の数値が高くなるが、個々の選手の得点能力を比較するためにRC27という指標も考案されている。

・RC27＝RC×27÷（打数－安打＋盗塁死＋犠打＋犠飛＋併殺打）

この数値は、ある打者が27回打席に立てば、どれだけ得点できるかを示す指標だ。

日本ではOPSやWHIPが少し取り上げられるくらいで、ほとんど普及していないが、これらの指標はMLBではもはや「古典的」と言ってよく、選手を評価するときに使われることは少なくなっている。ただ、セイバーメトリクスの進化を辿る上で、重要な指標であるのは変わらない。

「安打は偶然の産物」

セイバーメトリクス研究者のボロス・マクラッケン（1971〜）は、1999年に「MLBの投手は、投球の結果をほとんどコントロールできず、被打率は、シーズンレベルのスケールで見れば、投手の能力とは相関性がない。投手のパフォーマンスには、守備、球場、天候、ランダム性など、投手の制御を超えた要素が重大な影響を与えている」という見解を発表した。マクラッケンは、複数の投手のデータを調査して、投手の被打率はその能力にかかわらず、長期的に見ればリーグの平均打率の前後に落ち着くということを発見した。つまり被安打は、投手の能力ではなく、その他の要因によって記録されるとし、投手がコントロールできるのは「奪三振、与四球、被本塁打」の三つの要素だけだと断定した。

そして、DIPS（Defense Independent Pitching Statistics）という考え方を発表する。これは、投手の指標は、投手がコントロールできる被本塁打、与四球、奪三振だけで算出すべきだとするものであり、DIPSに基づいてFIP、xFIP、DIPS2.0、tERAなどの指標が考案された。

マクラッケンは、同じ考えに基づいて投手の本塁打を除く被打率であるBABIP（Batting Average on Balls In Play）も考案した。

・BABIP＝（被安打－被本塁打）÷（打数－与四死球－奪三振－被本塁打）

BABIPは長期的に見ていけば、どの投手もリーグの被打率に近い数字に落ち着く。例えばシーズン中にこの数字がリーグの平均値より高い選手は、以後低下し、低い選手は以後上昇する傾向にある。つまり好調な投手でもBABIPが極端に低い投手は、いずれ被打率が高くなって不振に陥る可能性が高く、不振な投手でもBABIPが極端に高い投手は、被打率が低下して調子が上がる可能性が高いということになる。

マクラッケンの発見は端的に言えば、投手にとって「本塁打以外の安打は運の産物にすぎない」という衝撃的なもので、発表当初には大御所のビル・ジェームズも異論を唱えたが、何度もの検証を経て、どうやらマクラッケンの見解は正しいという結論に落ち着いている。これによって「防御率」「WHIP」「被打率」などの投手の指標は、壊滅的な影響を受け、セイバーメトリクス的には全く顧みられなくなった。

セイバーメトリクスは、現在はさらに新しい段階に進化しているが、マクラッケンによる、投手にとって「安打は偶然の産物」という考え方は継承されている。そして、日本ではこの考えがほとんど普及していないのも従前同様である。

9-3　進化を続けるセイバーメトリクス

「マネー」を手にしたセイバーメトリクス

『マネー・ボール』以降、MLB球団は次々とセイバーメトリクスの専門家を雇い入れるようになる。またビリー・ビーンGMのオークランド・アスレチックスはSTATS社と契約を結んだ。

これまで紹介してきたように、従前のセイバーメトリクスはビル・ジェームズをはじめとする「好事家」によって細々と研究が進められてきた。OPSやWHIP、RFなどの当初の指標はMLBが発表する公式記録に基づいてデータを算出していた。しかし、より実態に即したデータを出すためには、試合に関するさらに詳細なデータが必要になる。

そこで、前述したようにセイバーメトリクスの研究家や彼らが興したSTATS社は、球場に赴いて試合のデータを独自に記録するようになった。それはMLB球団の「アドバンススカウト」が行ってきた活動と重複しているが、全162試合に及ぶMLBの公式戦のデータを独自に収集するのはコスト的にも、人的にも大きな負担になっていた。

しかしオークランド・アスレチックスがセイバーメトリクスを導入して成功して以降、セイバーメトリクスのアナリストが続々と球団に雇用されるようになった。さらにMLB球団のデータのニーズが高まるとSTATS社以外にも、データを記録、分析する会社ができ、多くの球団やメディアが顧客になった。

こうした経緯で、これまで記録愛好者が取り扱ってきた野球データの「マネタイズ」が実現した。「マネー」を得たことで、セイバーメトリクスは一気に飛躍した。

守備記録の大進化

野球の記録の中で、投球、打撃に比べて「守備」は、最も整備が遅れていた部門だ。従来の守備記録は、捕殺、刺殺、失策、併殺、捕手の捕逸などわずかな数字しか記録されていなかった。これらの記録から守備率やRFなどのデータが考案されたが、これらは野手の能力を正しく評価したものとはとても言えず、MLBの守備力に優れた野手に授与されるゴールドグラブ賞は長く「印象論」で選出されていたと言ってよい。

STATS社のジョン・デュワンは、ビル・ジェームズが考案した野手の守備範囲を示すRF（9×（刺殺＋補殺）÷守備イニング）を補完するためZR（Zone Rating）という指標を考案する。これは、試合のビデオ画像をもとに50％以上の確率で処理できる範囲をそのポジションの守備範囲とし、そこに飛んできた打球をどれだけの確率で処理できたかを計算して数値を出したものだ。

このZRをさらに補完するために考案されたのが2001年、ミッチェル・リクトマンによるUZR（Ultimate Zone Rating）だ。ZRでは、守備成績は「率」で表されるが、UZRは打球処理の難易度や選手の能力などを加味した「得点」で表した。UZRの算出のためには、ビデオ画像に基づいて、打球がグラウンドのどこに飛んだか、どのような打球かを記録する作業が必要になる。

一方ZRを考案したジョン・デュワンは、そのシーズンのリーグの平均的な野手の守備範囲に比べて、特定の野手がどれだけ優秀か（劣っているか）を算出する「プラス・マイナス・システム」を考案した。さらにその進化系としてDRS（Defensive Runs Saved＝守備防御点）も考案した。DRSでは、特定の選手について、同じ守備位置の平均的な野手が守る場合に比べてどれだけ失点を防いだかを評価する。平均的な選手のDRSは0、優秀であれば正の数（＋）となる。

DRSは、現在ではSPORTS INFO SOLUTIONS社が提供している。ＭＬＢのゴールドグラブ賞は記者投票によって決まるが、今では多くの記者はUZRやDRSなどのデータを参考に投票している。

究極の指標WARの誕生

ＭＬＢのＭＶＰ投票は記者によって行われるが、打者も投手も対象になる。常に議論になってきたのは「打者と投手の優劣をどうつけるのか？」という話だ。20勝投手と打率.350、40本塁打の打者は、どちらが貢献度が高いのか？　さらには捕手など守備の比重が高い選手と、指名打者など守備負担のない選手は、どのように比較すればいいのか？

最近は、投手で最も貢献度が高い選手は「サイ・ヤング賞」に回ることが多く、MVPには野手が選ばれることが多くなった。しかし、そうであっても年俸の査定や、トレードなどの根拠として打者、投手共通の指標が待望されていたのは事実だ。

そこで考案されたWAR（Wins Above Replacement）は、打撃、走塁、守備、投球の総合指標であり、打者も投手も同じ基準で評価できる、究極の指標だ。WARは、その選手が代替可能な控え選手に比べてどれだけ勝利数を増やすかという指標であり、WARの指標に単位をつけるとすれば「勝」ということになる。

WARは、2007年頃から指標として普及し始めた。現在、MLBのWARは、主としてBaseball ReferenceとFanGraphsという二つのデータサイトから発表されている。メディアなどではBaseball ReferenceのWARをrWAR、FanGraphsのWARをfWARと呼ぶのが一般的だ。共に複雑な計算式で、各種の指標を取り入れているが、守備の指標に関しては、FanGraphsはUZRのデータを採用し、Baseball ReferenceはDRSのデータを採用している。

例えば、2023年のアメリカン・リーグのMVPであるエンゼルスの大谷翔平と、ナショナル・リーグのMVPであるブレーブスのロナルド・アクーニャ・Jr.の成績と、rWAR、fWARは以下のようになっている。（　）内はリーグ順位。

大谷翔平

打者：135試合497打数151安打44本塁打95打点、打率.304、OPS 1.066 (1) RC 138 (1)
投手：23試合10勝5敗132回55与四球167奪三振、防御率3.14、WHIP 1.06
rWAR　10.0 (1) 打者として6.0、投手として4.0
fWAR　9.0 (1) 打者として6.6、投手として2.4

ロナルド・アクーニャ・Jr.

打撃：159試合643打数217安打41本塁打106打点、打率.337、OPS 1.012 (1) RC 138 (1)
rWAR　8.2 (1)
fWAR　8.3 (1)

両選手ともにWARでリーグ1位、またOPSやRCでもリーグ1位になっている。

WARが選手評価の最重要な指標になって以降、従来最重要視されてきた「打撃タイトル」の地位は凋落した。「打点王」は今も表彰項目に入っているが、「打点王争い」が話題になることはほとんどない。また投手の場合も、シーズン最高の投手に与えられる「サイ・ヤング賞」の選考で、「勝利数」や「防御率」が重視されることはなくなった。

進化したセイバーメトリクス系の数値、UZR、DRS、WARは、日本ではデータスタジアム、DELTAの2社が独自に情報を収集して発表している。しかし、アメリカのように一般的に広く普及しているとは言いがたいのが現状だ。

新たな指標の可能性と問題点

ビル・ジェームズが始めたころのセイバーメトリクスは、新聞や雑誌などでMLBが発表した公式記録に基づいて個人が計算をしていた。膨大な作業になったが、データは研究者、愛好家のものだった。公式記録は誰でも入手することができ、能力があれば誰でも新たな指標を考案することができた。

また、新しい指標が発表されれば、愛好者はそれに基づいて自分で計算してその妥当性を検証することができた。パーソナルコンピュータが普及するとともに、多くの愛好者が自分でデータを加工し、独自に選手やチームの評価をすることもできた。言わばセイバーメトリクスは「愛好者それぞれの掌中」にあったのだ。

オークランド・アスレチックスがセイバーメトリクスを導入した時点では、データの多くは公式記録に基づくものだった。だからセイバーメトリクスのメリット、優位性を理解した他球団はすぐにでもその考え方でチーム作りをすることができた。

しかし、UZR や WAR などに代表される次世代の指標は「公式記録」ではなく、実際の試合にスタッフがはりついたり、ビデオ画像をチェックするなどして独自に記録されたデータに基づいている。また、その計算式も極めて複雑であり、統計やデータ解析の専門家でなければ理解できないものになっている。

その結果として、WAR などは多くのファン、記者、関係者などにとって「アナリストが総合指標だと言っているから」信じるべき指標になった。信憑性が高いことは、例えば打者の WAR のランキングが、OPS や RC など旧来のランキングとほぼ一致することからわかるが、指標の中身が一般のファンにとってブラックボックス化した点は否めない。

WARの価値観がMLBに定着して以降、「WARの申し子」と称すべき選手が登場する。打者で言えば、エンゼルスのマイク・トラウトだ。彼は打撃タイトルは2012年に盗塁王、2014年に打点王をそれぞれ1回獲得しただけだが、アメリカン・リーグWAR1位を4回記録、うち3回はMVPになっている。投手では現レンジャーズのジェイコブ・デグロム。彼もタイトルはメッツ時代の2018年の最優秀防御率だけだが、2018年には投手のWAR1位で、わずか10勝ながらサイ・ヤング賞を受賞した。また2024年にドジャースに移籍した大谷翔平も、打撃、投球両方で高いWARを記録。MLBで唯一「投打合わせ技」でWARを稼ぐことができるので、投打でフル出場する限り毎年MVPになるのではと言われている。

一方で、早打ちの安打製造機だったイチローのような「別の個性」の選手は、WARの数値はあまり高くならないため、相対的に評価は低くなっている。WAR全盛時代となって、選手に対する「価値観」も大きく変化し、それに伴い選手の「個性」も変化しつつあるのだ。

第10章　「アソボウズ」という会社があった

今の日本野球は、データ野球の側面でアメリカに大きく水をあけられている。データ野球の考え方は、セイバーメトリクスをはじめ、アメリカから一方的に輸入されるだけだ。運用面では、アメリカに比べて立ち遅れている。

しかし今から30年ほど前には、一時期は「ＭＬＢへの進出」を考えたほどのデータ分析会社が日本に存在した。その名はアソボウズ。データ野球について書くなら、のちにデータスタジアムと改称する、この会社について触れないわけにはいかない。

10－1　出発はゴルフのスコアアップから

株式会社アソボウズは片山宗臣（１９４６〜）が１９９５年に創業したスポーツデータ

を分析する会社だ。片山は歌舞伎など伝統芸能の役者が舞台で使用する鬘《かつら》職人の家の二代目として生まれたが、知人の借金の連帯保証人となり破産。ここから再起し、父の経営する会社を手伝うことになり、さらに全く畑違いのスポーツデータ会社を興すこととなった。

そのきっかけとなったのは「ゴルフ」だったという。片山は若いころからゴルフが好きで、常にスコアアップを目指していた。当初はパワートレーニング中心の練習をしていたが、スコアが伸びないためフォームに着目。自分のスイングをビデオカメラで撮影し、ポイントをチェックした。ここから始まり、プロのスイングと自分のスイングをディスプレイ画面で比較する「動画解析システム」を開発、高校時代の友人に見せたところ、「これは野球でも使える」と西武ライオンズの二軍監督に就任予定だった広野功を紹介された。

広野は野球のバッティングで同様の動画解析を行っていたが、テレビ局に依頼するなど手間ひまがかかった。片山のシステムの方が素晴らしい、と球団で使用したいと申し出た。これに当時の西武監督、森祇晶も興味を示した。こういう形で片山はプロ野球の世界に足を踏み入れた。

西武は球団の数々のデータを片山に開示した。それらをつぶさに見た片山はスコアをコンピュータで記録する「スコアメーカー」を開発し、システムエンジニアの黒羽展久とともに株式会社アソボウズを創業した。

「スコアメーカー」は正式に発表する前に、慶應義塾大学野球部に試作品を提供し、テストした。この時の慶應大側の担当者が現「トラックマン」野球部門責任者の星川太輔だった。この時期から、星川をはじめ、有為の人材がアソボウズとつながっていくようになる。

片山らは「スコアメーカー」を各球団に売り込んだが、その反応は芳しいものではなかった。そんな中で千葉ロッテマリーンズのバレンタイン監督が興味を示した。これをきっかけとして、ＮＰＢを舞台とするビジネスを開始した。

日本シリーズの「イチロー封じ」で注目を集める

アソボウズの名前が一般に知られるようになったのは、１９９５年の日本シリーズからだった。野村克也監督率いるヤクルトスワローズと仰木彬監督率いるオリックス・ブルーウェーブの対戦。アソボウズはヤクルトの依頼を受けて、オリックスの試合データを1球レベルで「スコアメーカー」に入力した。

このシリーズの最大の焦点は、前年にNPB記録のシーズン210安打を記録するなど驚異的な成績を残したオリックスのイチローだった。イチローはこの年も打率.342で首位打者になったほか80打点で打点王、49盗塁で盗塁王にもなっていた。

このイチローを抑え込まないことには、ヤクルトに勝機はない。アソボウズのスタッフはイチローの打撃データを徹底的に分析し、得意なコース、苦手なコース、安打の飛ぶゾーンなどをビジュアル的に提示。ヤクルトのスコアラーはこれに情報を加味して野村克也監督に報告した。野村監督は「すべての球を、目的意識を持って投げる。すべてを勝負球だと思うこと。ボール球にも手を出してくるので、ストライクゾーンをやや広めに考えて投球する」という基本方針を出し、イチローの攻略ゾーンを割り出し、捕手の古田敦也に指示した。正確な情報、的確な分析力、単純化したプレゼンテーションでイチロー攻略法を確立させた野村ヤクルトは、このシリーズでイチローを5試合19打数5安打1本塁打2打点0盗塁、打率.263と封じ込め、4勝1敗で快勝した。

この日本シリーズは雑誌『Number』379号で「丸裸にされていたイチロー。」というタイトルで、石田雄太によって詳報され、アソボウズも紹介された。この記事で片山は「野球のスコアラーの仕事は、パソコンを使った方がはるかに合理的だと思ったことがきっかけだった。野球のスコアをパソコンに入力して、希望の条件を入力すれば、様々なデータが集積、解析されて表示される。実戦で活用できるまでに、２年はかかったかな」と語っている。記事の最後では「卑怯だと言う人もいるかもしれないが、勝つためには、データは大切な道具となる。道具は、使う人間がいて初めて役に立つ。データがあってもそれを分析できて、選手に伝えられて、それをグラウンドで生《ママ》かせるだけのレベルのチームは少ない。それがヤクルト、いや、野村監督だったのかな」と語った。

今に至るもアナリスト、それを活かす球団が肝に銘ずべき言葉だろう。

一気に高まるアソボウズのニーズ

この１９９５年の日本シリーズを契機として、アソボウズの名前は、プロ野球界に知れ渡った。オフにはヤクルト、巨人、阪神、中日、オリックス、ロッテ、西武、近鉄の先乗りスコアラーやデータスタッフがアソボウズを訪れ、「スコアメーカー」などアソボウズのシステムの導入を決めた。

このとき、片山は一つの問題に直面した。

これまでアソボウズは自分たちが開発したシステムを自分で動かして選手や試合のデータを得ていた。分析結果の著作権は当然アソボウズが保有している。しかし、各球団がアソボウズのシステムを導入すると、球団のスタッフがシステム上で入力をしてデータを得るようになる。データの分析方法や、評価などは球団独自のものだ。これらのデータは各球団の資産であり、極秘情報となる。他球団やマスコミなどに無断で情報が漏洩することは、あってはならない。

多くの球団の選手のデータを取り扱うアソボウズは「情報管理」にさらに神経を使うようになる。アソボウズが開発した「スコアメーカー」やフォームの解析システムは、ゴルフやサッカーなどの他分野のスポーツとも提携を始めた。こういう形で、2000年前後には、NPB12球団のうち10球団がアソボウズのシステムを導入するようになった。

ただ、10球団が一斉に「情報化」に向けて邁進したわけではない。球団オーナー、経営者の肝いりでシステム導入が決まったとしても、フロントや監督の中には「データ野球」に否定的だったり、不熱心な人もいる。そういう球団では「宝の持ち腐れ」になることも少なくなかった。

また、監督、首脳陣が交代すれば、これまで構築してきた情報システムが顧みられなくなることもしばしば起こった。そこで球団によっては、しばしば交代する監督、コーチではなく正社員である球団スタッフが、これを習得し、系統的に伝えることも行われた。

10-2 元社員の証言

篠浦孝は愛媛県松山市出身、岡山理科大学から北海道大学大学院に進み、数理統計学を学ぶ。大学2年の時に、1995年のオリックス対ヤクルトの日本シリーズで、アソボウズによるイチローの攻略作戦が功を奏したという報道に触れて、データ野球に興味をもち、アソボウズに入社する。

篠浦は、大学入学以前から宇佐美徹也の「野球記録」関連の著書を愛読するなど「野球史」「野球データ」に強い関心を抱いていた。実のところ、宇佐美徹也に代表される日本の「記録の神様」たちと、セイバーメトリクス以降のデータ野球との関連性はほとんどない。筆者はそのことが日本のデータ野球の進展の妨げの一因になっていると思っているが、両方に造詣が深い篠浦は稀有な存在ではある。

「一球速報」のベースを作る

「大学院を出てゲーム開発会社に入ったのですが、野球データへの思いが強くて、押しかけるようにしてアソボウズに入りました。会社は、まだ四谷の片山さんの自宅にありました。

当時、野球班とサッカー班があって、僕は野球班で開発を担当しました。入力したデータの CSV をインポートして、それをもとに分析結果を出すような仕事でした。私が開発を担い始めたころにシステムを変えようということで、自分自身でペン入力ができて分析できるようにしました。

そのころ取り出すことができたデータは、ストライクゾーンとか打球方向とか対戦成績の三つくらいしかなかった。本当は、1球1球に関するデータ、それだけで170項目くらいあるんですが、当時のアウトプットはすごく少なかったんです。私はそれを全部出せるようにしました。それをアプリにして、各球団に売り込んだのですが、球団ごとに分析の仕方やデータの活用の仕方が異なったので対応に苦労しました。

一方で、そのシステムを活用して今、多くのメディアがやっている『一球速報』のシステムを作りました。

さらに、そうしたデータ分析を反映させて『江川卓スカウティングレポート2000』を発刊しました。ここでは打者はカウントごとの打撃成績やコース、投手は球種などのデータを図表にして一人一人分かりやすく紹介しました。またこの本で、私は当時、日本では知られていなかったOPSやWHIPのデータも出しました」

この『江川卓　スカウティングレポート2000』には、篠浦などアソボウズがデータを提供したほか、宇佐美徹也も参画している。アソボウズなど新しい野球記録の担い手と「記録の神様」が、ともにかかわった珍しい仕事だと言えるだろう。

「当時の片山さんは、こうしたデータの提供だけでなく、とにかく『動作解析』を売り込もうとしていた。ゴルフでは普及が進んでいたけど、野球はまだまだだった。それから、データとビデオの画像をリンクさせるシステムも開発していました」

時代が早すぎたか？

「当時から片山さんの頭にはアメリカでいう『ファンタジーベースボール』みたいなも

のがあって、データ付きプロ野球観戦みたいなものを考えていたようです。でも、それは結局実現しませんでした。野球を数字で遊ぶような文化は結局、広がらなかったですね。

当時のアソボウズは、本当に自転車操業みたいなもので Yahoo! スポーツに『一球速報』のデータを売り込んだ時も、年間の使用料が60万円ほどでした。立ち上げだから仕方がないと、1日6試合入力するアルバイトも全部アソボウズで雇って、私自身はシステム配信する情報の確認もしていました。当然、赤字だったと思います。

球団にシステムを売り込む時も、いきなり無料で提供していた。もちろん、それが入り口の戦略だったのですが、当時のユーザーもデータに対してお金を払うという発想がなかったんですね。そういう状態ですから給料も出たり出なかったりで、やはり不安にもなりました。

一方で、私が作ったシステムや分析が球団の方々から注目されたりもした。さらにアマチュア野球の方にも、いろいろアプローチするようになった。

私がアソボウズにいたのは1998年から2000年までで、2000年から2001年は、プログラムのサポートという形で、巨人に出向していました。その頃から、データ分析をする会社として徐々に認知度が高くなってきました。その後、私は退社して一般企業に勤めましたが、率直な感想としては少し時代が早かった、ということになるでしょうか」

篠浦は退職後も野球データの収集に努める。これらを基に宇佐美徹也が集大成として出版した『プロ野球データブック』のアップデート版を編纂し、2015年に自費出版するなど、市井の野球記録研究家として地道な活動を続けている。

10-3 NPBのデータ化の進展と限界

タッチの差でアメリカ進出を逃す

決して商売上手とは言えないアソボウズではあったが、データを駆使した斬新な分析は、次第にプロ野球界に受け入れられていく。当時の千葉ロッテマリーンズ監督、ボビー・バレンタインは、アソボウズのシステムを高く評価し、MLBでもニーズがあると語った。片山は1997年、98年とフロリダ、アリゾナの春季キャンプ地を視察、MLB30球団にもアソボウズのシステムが進出する余地があると確信した。

さらに片山はドミニカ共和国、ベネズエラなど中米エリアの選手にアソボウズのシステムを取り入れることで、選手の能力開発もすることができると考えていた。

オークランド・アスレチックスのビリー・ビーンGMが、セイバーメトリクスを導入して「マネー・ボール」を始めたのは、まさにこの1997年のことだった。ビリー・ビーンなどセイバーメトリクスの研究者たちが、アソボウズをライバル視していたかどうかはわからない。

しかし、セイバーメトリクスの導入によるアスレチックスの成功が明らかになった2004年以降、アメリカ発のセイバー系のアナリストたちがMLB球団に続々と入って活躍するようになり、片山たち日本側のシステムは、タッチの差でアメリカ進出を逃してしまった。

経営者の交代

「スコアメーカー」やフォーム解析システムなど、先進的なシステムを持っていたアソボウズだが経営的には厳しく、2001年4月、住友商事、NTTデータ、日刊編集センターなどがアソボウズから営業権を取得して株式会社データスタジアムが設立される。

片山は経営から退き、社長には、欧米のネットコンテンツをアジアや日本でローカライズして展開する企業の日本法人の社長を務めていた森本美行が就任した。

森本は語る。

「NPB球団にデータ分析のシステムを売ったのは、データスタジアムが初めてでした。でも、当時システムは売り切りだったので以後は儲からない。そこでデータだけでなく映像も組み合わせて、気になるデータのシーンをすぐに見ることができるシステムにバージョンアップしました。その際に売り切りではなく月々いくらのASPモデル（ソフトウェアをネット経由で提供する形態）に変えました。でもプロ野球は12球団しかないから、それ以上は広がらない。

野球のデータは1球ごとに取得してアーカイブされていく。その特性を利用して1球ごとに配信するコンテンツを開発しました。それがYahoo! JAPANで多くのユーザーを集めた『プロ野球一球速報』です。さらに2002年には、NHKがデジタル放送を普及させるためのプロモーションとして、実際の試合映像を見ながら『dボタン』でデータを見せるサービスを行うことになり開発しました。

サービスをテストする最初の試合で、ある投手があまり見たことがない変化球を投げた。テレビで解説者は『スライダーですね』と言ったのですが、データスタジアムのデータ分析スタッフは『カットボール』と入力した。解説者と入力データが異なってしまい現場がざわついたのを覚えていますが、試合後の選手インタビューで『カットボールを今日初めて投げました』というコメントがありました。これで信用を得て、それ以降多くのメディアでプロ野球中継の一球速報が使われるようになりました。当時はまだｉモードでしたが携帯電話でも『プロ野球一球速報』は人気コンテンツになりました」

データスタジアムは B2B だけでなく B2C の分野にも進出したのだ。その後、２００5年11月にはセイバーメトリクスの本山と言っても良いスポーツデータ配信会社の STATS 社と戦略的事業提携をし、セイバーメトリクス系のデータ分析システムを日本に導入した。

ＢＯＳ導入による球団の現場と経営の統合化

この時期には、ＮＰＢ球団の内部でも、情報化へ向けた変革が起こっていた。清武英利著『サラリーマン球団社長』（文藝春秋）などによれば、２００3年、スポーツ新聞記者上がりで、デトロイト・タイガースでＧＭ補佐を務めた吉村浩が阪神タイガースに入社、総務部次長、企画担当としてBOS（Baseball Operation System）を導入する。これは「マネー・ボール」でオークランド・アスレチックスがセイバーメトリクス的な選手評価システムを導入してチームを強化したのに倣って、データに基づく球団経営を推進しようというものだった。

現場とフロントがチーム編成に関して客観的な数値に基づく共通の理解のもと、選手を適正かつ効果的に配置するとともに、監督・コーチ変更の度に指導方針が変わってしまわないよう考え方を次の指導者に引き継がせる。また高年俸のベテランを適宜放出することで、年俸総額を抑えながらチーム力を維持、登録選手全員を戦力として活用することを目標としたものだ。端的に言えば、球団の経営者が現場の采配を掌握するシステムと言うことができよう。

MLB球団は「マネー・ボール」以降、統計や経営、マネジメントの専門家が球団の中枢に入り、編成、選手獲得について主導権を握り始めた。監督、コーチは経営陣から与えられた戦力でペナントレースを戦う「中間管理職」的な存在になった。そして選手はセイバーメトリクス的な指標によって評価され、数字によって序列化されるようになった。BOSは、現場から経営に及ぶ球団の資源を統合し、経営者がマネジメントするための仕組みだったと言えよう。

吉村浩は2004年には日本ハムに移り、ここでも1億円を投じて「BOS」を基軸とするチーム、球団づくりに着手する。これに倣って、多くのNPB球団がBOSを導入した。それに伴って、セイバー的な指標は球団運営に必須の基礎的な資料になり、データスタジアムなどが提供するデータ分析システムのニーズは急速に高まった。

BOS導入に熱心だった清武巨人

BOSの導入に最も熱心だった球団の一つが、読売ジャイアンツだ。

清武英利著『巨魁』(WAC)によれば、2004年8月、球団代表に就任した清武はBOSを導入しなければならない理由として、

・これまでの選手評価基準があまりに主観的で、選手獲得に関してはスカウト部にまかせるしかない。

・これまでの主観的なスカウトの「眼力」に頼っていると権限や実績、声の大きな者の「一声」に結論をゆだねることになりかねない。

からだとしている。

これまでの選手獲得の失敗例として、2004年のドラフトで清武がスカウト部の幹部に「ダルビッシュ有はいいそうじゃないか」と聞いたが、「素行に問題がある。巨人には合わない」と否定されたことを挙げている。

清武は、BOSの最大の目的は「優れた才能を持つ選手を数値評価によって発見することだ」としている。清武はヤンキースのBOSを具《つぶさ》に見学。経営陣が球団運営の陣頭指揮を執るWAR ROOM（作戦指揮室）を見て、球団経営の情報化の必要性を痛感。それ以降、巨人独自のBOSの構築に心血を注いだ。

「もういい！」

清武のこの取り組みによって、野球データの専門家が意見を求められるようになった。筆者の取材したところでは、この時期に清武に呼ばれて様々な提案をしたり、助言を与えたりした、という証言がいくつかあった。

あるアナリストは、選手評価システムのデータ化について助言を求められた。また、ある大学の研究者は球団を通じて、優秀な人材を紹介するように依頼された。さらにあるアナリストは、清武に「スカウトの待遇改善」を進言したが、清武は熱心にその話を聞いたという。

21世紀初頭の巨人は、まだ「球界の盟主」という言葉が色あせていなかった。地上波での巨人戦の放映は減っていたが、12球団一の観客動員数を誇り、圧倒的な人気球団だった。この巨人がBOSを本格的に導入し、データ的に優秀な選手を次々と獲得して、好成績を上げ続ければ、V9（1965年から73年までの巨人の9連覇）に匹敵する黄金時代が到来したかもしれない。またセイバーメトリクスを基軸とするデータ野球がその原動力になれば、NPB全体の情報化も進み、MLBよりも進化を遂げていたかもしれない。

しかし、その日は訪れなかった。『巨魁』によれば、清武は2011年夏に読売新聞社主筆で巨人軍オーナーの渡邉恒雄に「編成本部情報管理システム、映像検索システムについて」というプレゼンテーションを行ったが、清武にパソコンを見せられた渡邉は、パイプをいじりながら説明をしばらく聞いたところで、「もういい！」と怒り出したという。清武は桃井恒和社長に「会長はうちのシステムにはまったく関心がありませんでしたよ。資料もまとめたのに。補強の話ばかりになりましたよ」と報告した。

この年の11月11日に「清武の乱」が起こり、清武英利は渡邉恒雄に反旗を翻す。この当時を知る数人に話を聞いたが、全員が言葉を濁した。しかし「清武の乱」によって、清武英利が心血を注いだBOSや WAR ROOM が水泡に帰したのは想像に難くない。筆者の個人的な感想だが、この騒動によって、NPBの情報化にも一時的に冷水が浴びせられたのではないかと思う。

多数の人材が輩出

アソボウズ、データスタジアムは、日本野球に新しい「データ野球の風」を吹き込んだ。それだけでなく、多くの人材が輩出した。

初期には、システムエンジニアとして開発を主導した黒羽展久、名門関東一高で副キャプテンを務めた行木茂満（現楽天戦略コーチ）などのスタッフが参画。さらにトラックマン野球部門責任者の星川太輔、埼玉西武ライオンズ企画室長の市川徹、同じく西武のアナリストの森川佳、データアナリストの金沢慧、経営を担った森本美行などがアソボウズ、データスタジアムに籍を置いた。彼らの多くはデータ野球のフロントランナーとして、今も野球界のさまざまな分野で活躍している。

データスタジアム、DELTAは、NPB版の UZR や WAR を発表している。また、データスタジアムは、NHK‐BSの人気番組『球辞苑〜プロ野球が100倍楽しくなるキーワードたち～』にデータを提供している。さらには、あまり知られていないが独立リーグの四国アイランドリーグplusの経営に早くから参画し、経営支援やデータ化にも貢献してきた。

ＭＬＢには、機構の外にこうしたエキスパート集団を擁する企業が多くできている。データスタジアムのような会社が発展することが「野球の情報化の進展」と「ダイバーシティ」の実現につながると言えるだろう。

第11章　ＭＬＢデータ野球、異次元の進化へ

現在のＭＬＢは、わずか十数年前の「マネー・ボール」の時代と比べても、驚異的な進化を遂げている。その核心部分は「選手の評価システム」から「選手のポテンシャルの予測」へと変化しつつある。また、その周辺のさまざまな領域も含め、情報化は進展している。さらに、それらを統合して経営に活用する経営者も出てきている。いまだに「データ活用は是か非か」といった議論が存在する日本とは別の次元に、ＭＬＢはすでに足を踏み入れている。

11－1　イノベーションの背景にあるもの

「マネー・ボール」以降の、ＭＬＢの驚異的なイノベーションの背景には、ＭＬＢが置

かれている激しい競争環境がある。

北米4大スポーツ（アメリカンフットボール＝NFL、野球＝MLB、バスケットボール＝NBA、アイスホッケー＝NHL）の中で、野球はファンの年齢層が最も高く、若年層に人気がなかった。また優秀な選手、人材をNFLやNBAにとられることも多かった。こうした状況に対応すべく、バド・セリグ（1934〜）、ロブ・マンフレッド（1958〜）と二代のコミッショナーは、世界も視野に入れた市場の拡大、試合時間の短縮、怪我やアクシデントの予防、ITによる情報発信など改革を進めてきた。「マネー・ボール」から始まった野球の情報化の流れも、MLB全体のこれらのイノベーションに取り込まれる形で進化したと言ってよいだろう。

アメリカのプロスポーツチームはすべて「独立採算」だ。チームの収益で運営している。魅力あるチームになって、ファンやスポンサーなどを獲得できなければ脱落し、最後は消えていく運命にある。だから「メリットがあること」「やるべきこと」は即座に決断し、実行するのだ。驚くべき情報化は、そうしたMLB球団が置かれた競争環境の下で進展した。

NPBの場合、広島カープを除く11球団には資本で連結する「親会社」がある。赤字になれば親会社が補塡してくれる。球団経営者の多くは「親会社からの出向」であり「安全運転」が第一になる。親会社も「リスクのあることをしてほしくない」という意識が強い。だから「情報化」のイノベーションが進展しない。日米の「情報格差」は、こうした「経営環境」の違いによって生まれていると言ってよいだろう。

「PITCHf/x」導入の衝撃

試合中の投球データをオンタイムで表示するシステム「PITCHf/x」は、2006年のポストシーズンからMLB公式サイトで導入された。球場に設置した三つのカメラがとらえた映像をコンピュータ上で解析し、球の初速、終速、回転軸の角度、変化の量といったデータを瞬時に導き出す。MLB公式サイトの試合速報「Gameday」でほぼ毎試合公開された。MLBや各球団は、これによって投手の試合でのパフォーマンスをオンタイムで把握することができた。ファンもまたそれを無料で享受できるようになった。

セイバーメトリクスがMLB球団に次々と導入されて、各球団ではアナリストを雇用するようになったが、試合などの選手のパフォーマンスはスタッフが試合や試合画像に張り付いてデータを収集していた。一部に自動化の動きはあったにせよ人海戦術だったのだ。しかし「PITCHf/x」によって投手のパフォーマンスが、ほぼ自動的にデータ化できることになった。これは衝撃的なことだった。

当時、データスタジアムの社員だった星川太輔はMLB公式サイトの「PITCHf/x」導入に驚き、2007年のMLBウィンターミーティングに単身乗り込み、慣れない英語を操りながら日本での導入の可能性を探ったという。

しかし「PITCHf/x」は、まだデータ革命の「序章」に過ぎなかった。

「スタットキャスト」による異次元の進化

2015年、MLBは、従来の「PITCHf/x」に代わって、傘下のMLBアドバンスト・メディア社が開発した「スタットキャスト」を導入し、Gamedayで表示することとした。

「スタットキャスト」は、ミサイルの追尾システムを応用した弾道測定器「トラックマン」と、複数の光学カメラを組み合わせた画像解析システム「トラキャブ」によって、試合中の選手の動きやボールの位置・方向・速度などのデータを瞬時に記録する。

「PITCHf/x」が主として投球に関するデータの記録にとどまったのに対し、「スタットキャスト」は投球、打撃、守備に関するボール、選手の動きを記録することができる。さらにそれらの膨大なデータを瞬時に分析、数値化した。打者の打球速度が何キロで、打球角度は何度で、飛距離は何メートルだったかが、その打席の直後に表示されるようになったのだ。

「スタットキャスト」の導入によって、選手の試合でのパフォーマンスは、オンタイムで把握できるようになった。また、これまでの試合に張り付き、データを録るフィールドワーク的なスタッフの仕事はこれによって大幅に減少した。

こうしたデータはMLBの試合の中継中にもGamedayなどで発信された。またMLBの公式サイトでは「スタットキャスト」で計測した投手、打者のデータがオンタイムでランキングされている。

2023年の大谷翔平は「スタットキャスト」では投打ともに最上位にいた。MVPはシーズンの実績による評価だが、パフォーマンスそのものの客観評価も極めて高かったのだ。

「スタットキャスト」の中核をなすトラッキングシステムは、2020年に「トラックマン」から「ホークアイ」に切り替わった。「ホークアイ」は球場内に設置した複数台のカメラの画像をもとに解析する。データの精度が高くなるうえに、従来のシステムでは録れなかった守備成績も記録できる。さらに選手の関節情報も録ることができるので、投打守のバイオメカニクス的なデータも記録することが可能になった。

ＭＬＢでは「スタットキャスト」の試合中のデータは公開されている。誰でも無料で、ＭＬＢの選手たちのデータに接して、そのパフォーマンスを数字で把握することができる。これによってアナリストの仕事は「いかにデータを録るか」ではなく「出てきたデータからいかなる分析をするか」「それをどのように効果的に選手、チームにプレゼンテーションするか」に変わりつつある。

11-2　野球そのものが変わった

極端な守備シフト

データ野球の進展とともに、野球そのものも変化した。UZR、プラス・マイナス・システムなどの守備記録が全試合で録られるようになるとともに、各打者の打球の飛ぶ方向がデータとして蓄積された。これによって、打者の打球傾向に応じて内外野の野手が守備位置を頻繁に変える「極端な守備シフト」が始まった。これは2006年、タンパベイ・レイズのジョー・マドン監督が始めたとされるが、この時期からデータ会社が打者ごとの「打球傾向」の資料を各球団に販売したこともあり、「極端な守備シフト」はMLB30球団のほぼすべてで実施されるようになった。

試合では、打者が打席に立つたびに、野手陣がベンチの指示で守備位置を極端に変えるようになった。打者の多くは「極端な守備シフトは気にしない」と言ったが、デービッド・オルティーズなどキャリアの晩年に差し掛かっていた打者の中には、打撃成績に影響したのではないかと思える選手もいた。

イチローも打球方向がはっきりした打者であり、守備シフトの対象となったが「野球には長年、考えられた末、今の守備位置があるわけで、基本的に、打ち損ねればアウトになる。（シフトで）安打をアウトにしようとする考えはどうかなと思います。反対の場合のダメージは計り知れない。そこは数字ではないし、そこに目を向けられない人が多い。コンピューターを操る人が、コンピューターに操られているような感じがします」（2014年6月25日、日刊スポーツ）と否定的なコメントをしている。

2022年オフ、オフィシャルルールブックが変更され、「極端な守備シフト」はM

LBでは翌2023年から禁止された。

フライボール革命の進展

「極端な守備シフト」の副産物的に語られることが多いのが「フライボール革命」だ。2006年には.269だったMLBのリーグ打率は、2010年には.257、2014年には.251と下落した。「極端な守備シフト」によって打者が封じ込まれ、投高打低が進行したのだ。

この状況下、野手の間を抜く安打狙いの打撃では結果が望めないとし、野手の頭を越すフライを打つ方が良いという「フライボール理論」が唱えられた。ヒューストン・アストロズが、この理論をチームに導入し、2017年、ワールドシリーズを制覇したことから一気に広まり「フライボール革命」と言われるようになった。

「フライボール革命」のポイントは「打球速度」と「打球角度」だ。打球速度が158㎞/h以上で、打球角度が26~30度で上がった打球が最もヒットやホームランになりやすいとされ、このエリアは「バレルゾーン」と名付けられた。打球速度が158㎞/hを上回れば「バレルゾーン」は広くなっていく。

「フライボール革命」では「打球速度」こそが重要であるとされる。第6章で「ドライブライン」のバッティングトレーナーのダニエル・カタランが「バットスピードこそすべて」と言っているのは、まさにこのことだ。

「フライボール革命」が浸透してから、MLBでは年々ホームランが増え、2014年には年間4186本だった両リーグ合計の本塁打数は、2015年には4909本、2016年には5610本、2017年には6105本と激増している。その一方、2014年に3万7441個だった年間のリーグの三振の総数も、2017年には4万104個と増えている。野球は明らかに変わったのだ。

一方で、「フライボール革命」に対抗するため、投手はバレルゾーンに打ち返すことが難しい「高めの速球」や「カーブ」、打ち損ねを狙って「動く球」に磨きをかけるようになった。

11-3　ドライブライン、そしてその先へ

トレバー・バウアーという「異能」

2023年、日本の野球ファンはDeNAにやってきたトレバー・バウアーの力投に大いに沸いた。2020年には当時カブスのダルビッシュ有と競り合って、MLB投手最高の栄誉であるサイ・ヤング賞を受賞。MLB屈指の投手だったが、交際女性への暴力、ハラスメントの疑惑が起こりMLBでの契約を解除され、NPBにやってきたのだ。

日本のファンは、バウアーを「メジャーの一線級の投手」だと思っているが、それだけではない。バウアーはMLBのトレーニング理論を大きく変えた「異能の野球選手」だ。

バウアーは「自分のキャリアはすべて、生まれつきの才能の限界に対する練習の勝利」だという。つまり、185㎝92㎏というMLBでは平凡な体格で、運動能力も高くなかったバウアーは、自分について、IQではなく「やり抜く力（グリッド）」で肉体改造し、トップクラスにのし上がった投手と考えている。

トレバー・バウアーは少年時代から父のウォレン・バウアーと二人三脚でトレーニングをした。ウォレンに野球経験はなかったが、それだけに先入観なく新しい科学的なトレーニング法を積極的に取り入れた。高校2年で先進の投球指導を行う「テキサス・ベースボール・ランチ」に通い始め、球速をアップさせる。

バウアーはジャイアンツなどで2度のサイ・ヤング賞に輝いた右腕投手ティム・リンスカムにあこがれた。リンスカムも180cm77kgと小さな体ながら150km/hを超す速球とシンカーを投げ分け、2008年から7年連続で二桁勝利、最多奪三振も3回獲得した。リンスカムは「フリーク」と呼ばれた特異な身体能力の持ち主だった。バウアーはそういう部分は持ち合わせなかったが、体格に恵まれないながらも抜群の成績を上げ続けたリンスカムを強く意識した。

バウアーはUCLAに進み2011年には16試合に先発し138・1回を投げて防御率1・24、WHIP 0・79、奪三振率13・2と抜群の成績を上げた。チームメイトのゲリット・コールは同じく16試合に先発し115回を投げて防御率3・29、WHIP 1・10、奪三振率9・3とほとんどの指標でバウアーを下回っていた。

しかし、この年のアマチュアドラフトでは、コールがドラフト1巡目全体1位でパイレーツに指名されたのに対し、バウアーはドラフト1巡目ながら全体3位でダイヤモンドバックスに指名された。契約金はコールが800万ドルに対しバウアーは340万ドルだった。193cm99kg、球速は優に100マイル（160.9km/h）を超すコールと、平凡な体格で100マイルのボールを投げることがないバウアーの「ポテンシャルの差」が評価に表れたのだ。

バウアーが変えた「ドライブライン」

今や世界の野球界が注目するトレーニング施設の「ドライブライン・ベースボール」は、2012年に日系人の母親を持つカイル・ボディ（1983〜）が創設した。少年野球の指導者をするなど野球への関心が強かったボディは、マイクロソフトの開発者を経て、「ドライブライン」を創設。最先端の理論を取り入れたトレーニング施設を目指した。

この「ドライブライン」をトレバー・バウアーが訪れたのは2013年10月のことだった。バウアーは2012年にダイヤモンドバックスからインディアンスに移籍。2013年はメジャーでも投げたが成績はぱっとしなかった。リンスカムの投球フォームを真似ることから脱却する必要性を感じたバウアーは、「ドライブライン」でボディが提示したプログラムでトレーニングをしてフォームを改造。2014年はMLBで153回を投げ、5勝8敗ながらローテーションの一角を担うことができた。

2014年のオフ、父ウォレンとともに再び「ドライブライン」に現れたバウアーは、「エッジャートロニックカメラ」という新兵器を持ち込んだ。このカメラは本来、自然観察用だが、グローバルシャッターという特殊なシャッターを有し、投手の高速のパフォーマンスを高い精度でとらえることができる。バウアーはこのオフに、そのカメラを駆使して自身の投球を解析し「ラミナーエクスプレス」と呼ばれるツーシームを開発。以後、バウアーは「ドライブライン」を拠点として新たな球種を編み出すようになる。

「ドライブライン」は、バウアーのサポートをするとともに、「エッジャートロニックカメラ」などの機器を導入して他の選手のスキルアップも行うようになった。この時期から「ドライブライン」は選手に進化を促すトレーニングジムとなったが、そのノウハウはバウアーと共に開発したと言ってよい。

2018年のオフにバウアーは、「ドライブライン」で8820球を投げ込んでいる。「球数制限」の観念がいきわたっているMLBでは考えられない球数だが、バウアーは自分の身体管理について絶対的な自信があったのだろう。

「問題意識」「目的意識」

2019年12月、法政大学で行われた日本野球科学研究会第7回大会に姿を現したトレバー・バウアーは、ネクストベース上席主席研究員の神事努の紹介で登壇し、自らが今、取り組んでいる「ピッチングデザイン」について、グラフを用いて詳細に説明した。翌年にはカブスのダルビッシュ有との競り合いに勝ってサイ・ヤング賞を受賞するバウアーは、まさに自身の肉体改造によって頂点に辿り着こうとしていたのだ。この会場では、当時ロッテの投手コーチだった吉井理人（現ロッテ監督）が、バウアーに熱心に質問していたのが印象的だった。

「ドライブライン」は、金を払ってそこで練習さえすれば成績が上がるという施設ではない。それぞれの選手が「問題意識」「目的意識」を持って訪れ、身体計測によって客観的な指標を得たうえで、個々の目的に沿って自らの意志で肉体を改造し、フォームを作り上げることで成功を摑《つか》み取る、その機会を与える施設なのだ。「ドライブライン」には、そのための適切なアドバイスができるアナリストやトレーナーがいる。第一部第

6章ではドライブラインのバッティングトレーナー、ダニエル・カタランの言葉を紹介したが、そのアドバイスは適切でシンプルなものだ。

しかし、その説明を裏付けるための「分析、解析システム」は、非常に大がかりだ。「計測機器やトレーニング施設に目が行きがちだが、『ドライブライン』が本当にすごいのはバックヤードのスタッフたちだ」という声が多く聞かれる。「ドライブライン」は人材の宝庫であり、アナリストがMLB球団に大量に引き抜かれることでも知られる。大谷翔平は2020年から「ドライブライン」で投打のトレーニングをしているが、彼のサポートをしたトレーナーのビル・ヘゼルがエンゼルスに引き抜かれて話題になった。

2019年12月、日本野球科学研究会で講演する
トレバー・バウアー。左は神事努

「ドライブライン」にはMLBの選手の5%が来たと言われる。また千賀滉大、上沢直之、清宮幸太郎、周東佑京、万波中正などNPBの選手も「ドライブライン詣で」をしている。しかし、彼らがここで何かを身

に付けることができるかどうかは自身が「問題意識」「目的意識」を持っているかどうかにかかっているだろう。

「ドライブライン」と同様、選手の進化を自律的に促すトレーニング施設はアメリカ、そして日本に生まれつつある。第一部第4章で紹介した「ネクストベース」はその代表的な施設の一つだ。

野球界は「アナリスト」の出現によって、新たなフェーズに入ろうとしている。しかしそのフェーズの主役はアナリストではなく、「主体性を持った」選手自身なのだ。

エピローグ　「よき進化」のために

学ばない、変われない指導者

高知大学准教授の中村哲也は、2023年に『体罰と日本野球——歴史からの検証』（岩波書店）という本を出して、大きな反響を呼んだ。

同書では、体罰、パワハラをする指導者がなくならない日本野球にあって「近年のスポーツ科学の発達と、ネット等のメディアによる情報の発信・拡散により、野球をはじめとしたスポーツの理解やその指導法は劇的に進化している。統計学的手法を駆使したセイバーメトリクスによる選手能力の分析、ボールの回転数・回転軸等のトラッキングデータによる球質の改善、スイングスピード・打球角度の測定に基づく打撃理論、栄養学とトレーニングを駆使した筋力強化、コーチング理論に基づく指導等、野球指導者に求められる知識は極めて多様で、日々進化している。ソフトバンクホークスの監督として日本シリーズ4連覇を達成した工藤公康や、仙台育英高を率いて初の東北勢優勝を果たした須江航など、これらの知識に精通し、実践した監督が実績を出すようになっている。学ばない指導者、変われない指導者の居場所は、野球界でも急速に狭まっているように思われる」と書いている。本書で紹介してきた、「データ野球の進展」の最大の目的は、まさに中村の言う「学ばない、変われない指導者」の変革を促すこと、あるいはそれができなければ退場させることにあると言えよう。

日本野球は「精神論」「根性論」「年功序列」が永年、幅を利かせてきた。しかし社会の変化、とりわけ情報化の進展とともに、こうした「内向きの価値観」は支持されなくなり、もっとオープンでフェアな価値観が野球界にも浸透しつつある。

内向きの「データ野球」

しかし、その進展は順調でもなければ早くもない。いまだに、野球解説者の中には「投手は走り込まないと」「打者はレベルスイングで」と言う人がいる。テレビの野球中継では「OPSというのはメジャーリーグでも重要視される最新の指標です」といまだに言っている。アメリカでOPSを重視したのは20年も前のことだ。

プロ野球にも、得点効率を考えずにバントを多用する指導者がいるし、失敗した選手に「罰走」を強いる指導者もいる。プロ野球がそうだから、アマチュア野球は推して知るべしであり、甲子園に出場するために投手に投球過多を強いたり、パワハラ、暴力を振るう指導者もいる。少年野球ではいまだに、選手の前で平気で喫煙する指導者もいる。

これらの現状は、日本野球に蔓延《はびこ》る旧習（「反知性主義」とするのは言い過ぎかもしれないが）がいかに根深く、しぶといかを表している。

しかしながら、こうした状況の責任が、旧来型の指導者、関係者たちの不作為や怠惰のみにあるとは思わない。野球界に情報化の波をもたらした専門家たち、そして野球界全体も、急速に進展しつつある「データ野球」の現状を広く一般に周知させ、選手、指導者、さらには野球ファンの意識をアップデートさせることに、あまり熱心ではなかったからだ。

その原因の一つには、日本のセイバーメトリクスやバイオメカニクスなどの研究が、B2CではなくB2Bで発達したことがある。クライアントに向けた情報発信が主であり、野球ファン向けではなかった。一方で、本書で何度か述べたように日本のファンには、アメリカのような「数字で野球を楽しむ」文化、さらには「ファンタジーベースボール」のようなものが根付いていない。専門性が高い知識に食いつくファン層が少なかったのは事実だ。

しかしもう一つは、日本のプロ野球の「閉鎖性」にある。野球のデータ化に関するB2Bの情報は、あくまで依頼主たる球団、選手のものであり、一般に公開するものではない。情報の共有化はあり得ない話ではある。つまり、日本のデータ野球の成果物は、各球団が保有しているだけで、広く共有されるものではなかったのだ。

プラットフォームの不在

そうなった大もとには、MLBとNPBの経営スタイルの違いがある。MLBでは、国際化や情報化などの大きな方針は、コミッショナーを頂点とするMLB機構が決定する。国際化でいえば「WBC（ワールド・ベースボール・クラシック）」の開催がそうであり、情報化でいえば「スタットキャスト」の導入がそうだ。

MLBは、機構としてMLBの情報化を進展させるべく全30球団の本拠地に「トラックマン」（のちには「ホークアイ」）を設置し、この機器を基幹とする「スタットキャスト」を構築。全30球団で共有するとともに、公式サイトにこのデータをオンタイムで公開した。もちろん、個別の選手のバイオメカニクス的なデータは球団や選手のものだが、M

LBの全選手の数値的なポテンシャルは球界だけでなく、広く世界に公開されている。誰であっても「スタットキャスト」などの情報を使って様々な研究をすることが可能なのだ。野球ファンは自分自身で選手や球団を思い思いに評価し、様々にデータを加工することができる。

しかしNPBでは、球場でのデータ計測は、球団個々の判断で行われている。球場に「トラックマン」「ホークアイ」を設置するのも、システムを構築するのも球団のコストだ。だから成果物たるデータも球団だけのものになる。外部のデータ会社やアナリストに依頼して得たデータもすべて球団の資産となる。

今回、データ関連の取材をして痛感したのは、日本野球界の情報関連ビジネスの「セグメントの細かさ」だ。企業や個人が実に小さな市場でビジネスを展開している。情報共有はほとんどしていない。今回の取材に際して、筆者はいくつか取材拒否をされた。その大きな原因は、筆者がそうした事情を知らずに、あまりにも無造作かつ不躾に取材を依頼したからではあるが、本書を脱稿する際に、改めて難しい業界だと思った。

前述のとおり、MLBでは「スタットキャスト」という共通のプラットフォームがあり、各球団のアナリストはその奥にあるさらに深い分析や、トレーニング施設などで個別に得られるパーソナルデータをもとに、選手の評価や育成を行っているが、ＮＰＢではそうしたプラットフォームは存在しないのだ。日本のデータ野球が本当の意味で進展し、多くのファンが「○○選手の投球の回転数や変化量」「××選手の打球速度、バレルゾーンの広さ」に驚き、評価するようになるために必要なのは、日本版「スタットキャスト」を創設するしかないのではないかと思った。

２０２４年は、全12球団が「ホークアイ」を導入することになった記念すべき年だ。各球団にその意志さえあれば日本版「スタットキャスト」も夢物語ではないのだ。ある球団のアナリストは「どんな計測機器やデータを持っているかではなく、そのデータでどんな分析結果を出せるか、それをチームの勝利に結びつけられるかで勝負したい」と言ったが、情報インフラ的にはその準備は整いつつある。

その意味で、筆者は２０２２年に沖縄で始まった「ジャパンウィンターリーグ」に大きな期待を寄せている。このイベントには、企業の枠を越えてデータ野球を取り扱うアナリストが集まり、「リモートスカウティング」という一つの目的に向かって取り組んでいるからだ。

「野球の記録」との断裂

もう一つ指摘したいことがある。「数字と親和性があるスポーツ」である野球は、その原初の時期から営々と「記録」を録り続けてきた。また日本プロ野球も、間もなく90年になろうという歴史を持ち、その始まりの時期から試合のスコアをつけてきた。

ある時期まで、日本野球はアメリカよりも緻密で、丁寧な記録を残してきた。そして、その記録をもとに広瀬謙三、山内以九士、宇佐美徹也、千葉功のような「記録の神様」が、様々な情報発信をしてきた。さらには各球団のスコアラーも詳細な記録を録り続けてきた。

だが、そうした「野球の記録」と、今の「データ野球」は、驚くほど関連性が薄い。

アメリカでは、公式サイトや、セイバーメトリクスの研究家が作った Baseball Reference や Fangraphs などのデータ専門サイトが、19世紀以来のMLB記録を掘り起こし、セイバーメトリクス的な観点で新たに評価しなおしている。そこには、過去の野球の歴史と今をつなごうとする熱意がある。そして、記録を残すことに情熱を傾けた先人たちに対する「リスペクト」がある。

しかし日本では、ここ20年ほどの間に興った「データ野球」と過去の「野球の記録」

とは、ほとんど関連性がない。当然ながらリスペクトも感じられない。日本の古い野球ファンの多くがセイバーメトリクス的な考え方に関心がなく冷淡なのは、そこに大きな断層があるからだろう。子どものころから「野球の記録」に親しんできた筆者にとって、これは非常に残念なことである。

本書は、従来の「データ野球入門書」とは異なり、野球データの詳細な中身には触れなかった。もとより、その能力を筆者は持ち合わせない。しかし、情報化が進展することで、野球がどう変わるかについて、幾ばくかの将来展望を提示することはできたのではないか。

今回の取材で最も印象的だったのは、高校生、大学生の若いアナリストたちが、何のわだかまりもなく「野球を数字で理解」していることだ。一部の学校では「選手ではなく、アナリストになりたいから野球部に入る」ような若者も出てきている。「野球離れ」が叫ばれて久しい中、それは明るいニュースではないかとしみじみ思っている。

あとがき

本書を書くにあたっては、星川太輔氏に最初に相談をした。WBCでのデータ班の活躍の話を聞いたのが、刊行につながったのだから、当然の話だ。

星川氏とは、プロ野球だけでなく高校野球、知的障碍者の野球、女子野球、ジャパンウィンターリーグ、独立リーグなど本当にいろいろな場所で顔を合わせる。良いと思ったら躊躇なく動く、そのフットワークの軽さと見識の高さには驚くしかない。星川氏の助言と励ましがなければこの本はできていなかった。

またBS放送『球辞苑』でおなじみのアナリスト、金沢慧氏にも相談した。四国・松山で食事をしながら、いろいろな得難いアドバイスをいただいた。率直に言って金沢氏は「あなたがこのテーマで書くなんて」と思っていたのではないかと思う。この本を進呈させていただくが、辛口の批評を賜りたいと思う。

また筑波大学准教授の川村卓先生は、取材依頼の際に本の趣旨を伝えると即座に「いいですね」と言ってくださった。川村研究室の院生とは以前からつながりがあって、いろいろなところでお目にかかったが、彼らの活躍領域の広がりから、アナリストという仕事の進展を感じたものだ。

この本は当初、完成した現在の構成では「第二部」から書き進めた。浅学菲才の身で、それはかなり無謀なことだった。専門知識を即席で仕入れても、それだけではとても一冊の本にはならなかったと思う。編集者の横手大輔氏は、そのことを早々に察知して、構成を改めるようにアドバイスしてくださった。それによって「今のデータ野球の進展について」の取材をメインにする構成となり、コンセプトがしっかりと立った。

ただ、そうなると悪い癖でどんどん「書きたい欲」が拡がり「あれも、これも」と取材の手を拡げ始めた。横手氏はそれも察知して釘を刺すことを忘れなかった。私は過去にサラリーマン生活をしていたが、「こういう上司がいたな」と思い出した。

スポーツライターの氏原英明氏が横手氏をご紹介くださらなければ、本書の上梓はなかった。氏原さんには一席設けなければと思っている。

また、ここで取材した野球界、スポーツ界の専門家の大部分は、筆者が文藝春秋

「Number Web」、東洋経済新報社「東洋経済オンライン」での連載コラムの執筆を通じて知り合った人々である。円滑に取材ができたのは、両コラムで記事を書くなど下地があったからであり、筆者の記事を担当してくださった両サイトの編集者にも謝意を表したい。

本書をおおかた書き終えた春になって、筆者は「金属バット」（飛ばないバット問題）など高校野球界の新しい動きについて取材を始めている。「データ野球」の観点で見れば、高校野球にはまだまだ可能性があると感じる。

本書を読んで、「アナリスト」について興味を持つ若者が一人でも増えればと願っている。

2024年7月

広尾　晃

参考文献

『ドジャースの戦法』アル・カンパニス（著）、内村祐之（訳）、ベースボール・マガジン社
『メジャーリーグの数理科学』上・下、J・アルバート、J・ベネット（著）、加藤貴昭（訳）、丸善出版
『豪腕——使い捨てされる15億ドルの商品』ジェフ・パッサン（著）、棚橋志行（訳）、ハーパーコリンズ・ジャパン
『野球スコアと記録のつけ方』宇佐美徹也（監修）、成美堂出版
『上原の悔し涙に何を見た』宇佐美徹也、文春文庫PLUS
『プロ野球記録大鑑』宇佐美徹也、講談社
『プロ野球全記録』宇佐美徹也（監修）、実業之日本社
『プロ野球データブック』宇佐美徹也、講談社文庫
『宇佐美徹也の記録巨人軍65年——栄光の巨人軍65年の歩み』宇佐美徹也、説話社
『ON記録の世界』宇佐美徹也（編著）、読売新聞社

『「記録の神様」山内以九士と野球の青春』室靖治、道和書院
『球速の正体』林卓史、東洋館出版社
『変化球を科学する――「曲がるボール」のメカニズム』川村卓、井脇毅、日東書院本社
『野球の科学――解剖学、力学、統計学でプレーを分析！』川村卓、SBビジュアル新書
『新しい少年野球の教科書――科学的コーチングで身につく野球技術』川村卓、カンゼン
『最高のコーチは、教えない。』吉井理人、ディスカヴァー携書
『ピッチャーズ球速向上プログラム』殖栗正登、カンゼン
『日本野球発達史』(複製版)、横井春野
『日本の野球発達史』広瀬謙三(編)、都政合同通信社
『野球スコアのつけ方』広瀬謙三、スポーツ新書
『プロ野球記録物語――日米快記録・珍記録・大記録合戦』永井正義、現代企画室
『野球ヲタ、投手コーチになる。――元プロ監督と元生物部学生コーチの京大野球部革命』菊地高弘、KADOKAWA
『勝てる野球の統計学――セイバーメトリクス』鳥越規央、データスタジアム野球事業部、岩波書店

『野球のプレーに、「偶然」はない――テレビ中継・球場で観戦を楽しむ29の視点』工藤公康、カンゼン
『アストロボール――世界一を成し遂げた新たな戦術』ベン・ライター（著）、桑田健（訳）、KADOKAWA
『セイバーメトリクス・マガジン』各エディション、デルタクリエイティブ
『セイバーメトリクス入門――脱常識で野球を科学する』蛭川皓平、岡田友輔、水曜社
『統計学で解明！野球のギモン』渡邉成行、彩図社
『セイバーメトリクスの落とし穴――マネー・ボールを超える野球論』お股ニキ（@omatacom）、光文社新書
『アナリティックマインド――スポーツ新時代を導くデータ分析の世界』森本美行、東洋館出版社
『公認野球規則』各エディション、ベースボール・マガジン社
『江川卓　スカウティングレポート2000』江川卓（解説）、ザ・マサダ
『ビッグデータベースボール』トラヴィス・ソーチック（著）、桑田健（訳）、KADOKAWA
『アメリカン・ベースボール革命――データ・テクノロジーが野球の常識を変える』べ

ン・リンドバーグ、トラビス・ソーチック（著）、岩崎晋也（訳）、化学同人
『オフィシャルベースボールガイド』各エディション、一般社団法人日本野球機構（編著）、共同通信社
『The Baseball Encyclopedia』各エディション、MACMILLAN
『ＩＤ野球の父――プロ野球に革命を起こした「尾張メモ」再発見』戸部良也、ベースボール・マガジン社
『ベースボール・レコード・ブック』各エディション、ベースボール・マガジン社
『巨魁』清武英利、ＷＡＣ
『サラリーマン球団社長』清武英利、文藝春秋
『Number』３７９号、文藝春秋
Number Web「酒の肴に野球の記録」（筆者の連載コラム、文藝春秋）
東洋経済オンライン「日本野球の今そこにある危機」（筆者の連載コラム、東洋経済新報社）

このほか野球殿堂博物館で多くの野球に関する資料を閲覧した。

広尾 晃 1959年大阪市生まれ。コピーライターなどを経てスポーツライターに。立命館大学卒業。著書に『巨人軍の巨人 馬場正平』『野球崩壊——深刻化する「野球離れ」を食い止めろ！』など。

Ⓢ新潮新書

1053

データ・ボール

アナリストは野球《やきゅう》をどう変《か》えたのか

著者 広尾《ひろお》晃《こう》

2024年8月20日 発行

発行者 佐藤隆信

発行所 株式会社 新潮社

〒162-8711 東京都新宿区矢来町71番地
編集部 (03)3266-5430 読者係 (03)3266-5111
https://www.shinchosha.co.jp

装幀 新潮社装幀室

組版 新潮社デジタル編集支援室

印刷所 株式会社光邦

製本所 加藤製本株式会社

ISBN978-4-10-611053-5 C0275

Ⓢ新潮新書

976
誰が農業を殺すのか
窪田新之助
山口亮子

農家の減少は悪いことではない。「弱者である農業と農家は保護すべき」という観念から脱却し、産業として自立させよ！　農業ジャーナリストが返り血覚悟で記した「農政の大罪」。

980
正義の味方が苦手です
古市憲寿

正しすぎる社会は息苦しい。戦争が起き、元総理が殺され、コロナは終わらない。揺らぐ社会をみつめ考えた、「正しさ」だけでは解決できない現実との向き合い方。

979
流山がすごい
大西康之

「母になるなら、流山市。」のキャッチコピーで、6年連続人口増加率全国トップ——。流山市在住30年、気鋭の経済ジャーナリストが、徹底取材でその魅力と秘密に迫る。

968
バカと無知
人間、この不都合な生きもの
橘　玲

50万部突破『言ってはいけない』著者の最新作。キャンセルカルチャーは快楽？「子供は純真」か？「きれいごと」だけでは生きられないことを科学的知見から解き明かす。

930
最強脳
『スマホ脳』ハンセン先生の特別授業
アンデシュ・ハンセン
久山葉子訳

コロナ禍で増えた運動不足、心に負荷を抱える子供たち——低下した成績や集中力、記憶力を取り戻すには？　教育大国スウェーデンで導入された、親子で読む「脳力強化バイブル」上陸。

Ⓢ新潮新書

951
自衛隊最高幹部が語る台湾有事
岩田清文　武居智久
尾上定正　兼原信克

自衛隊の元最高幹部たちが、有事の形をリアルにシミュレーション。政府は、自衛隊は、そして国民は、どのような決断を迫られるのか。「戦争に直面する日本」の課題をあぶり出す。

919
中国「見えない侵略」を可視化する
読売新聞取材班

「千人計画」の罠、留学生による知的財産収集——いま中国が狙うのが「軍事アレルギー」の根強い日本が持つ重要技術の数々だ。経済安全保障を揺るがす専制主義国家の脅威を、総力取材。

907
現役引退
プロ野球名選手「最後の1年」
中溝康隆

長嶋、王、江川、掛布、原、落合、古田、桑田、清原など、24人のラストイヤーをプレイバック。全盛期に比べて、意外と知られていない最晩年の雄姿。その去り際に熱いドラマが宿る！

908
国家の尊厳
先崎彰容

暴力化する世界、揺らぐ自由と民主主義——日本が誇りある国として生き延びるために、国と個人はいったい何に価値を置くべきか。令和を代表する、堂々たる国家論の誕生！

892
兜町の風雲児
中江滋樹　最後の告白
比嘉満広

カネは、両刃の剣だよ……投資ジャーナル事件、巨利と放蕩、アングラマネー、逃亡生活、相場の裏側……20代にして数百億の金を動かした伝説の相場師、死の間際の回想録。